成功父母的6大秘诀

庄之见　曹红霞 著

成功源于家庭，
教育改变命运！
父母是孩子的第一任老师，
父母对孩子的教育决定孩子的一生！

华夏智库
金牌培训师
书系

中国财富出版社

图书在版编目（CIP）数据

成功父母的 6 大秘诀／庄之见，曹红霞著 . —北京：中国财富
出版社，2014.8

（华夏智库·金牌培训师书系）

ISBN 978 - 7 - 5047 - 5305 - 2

Ⅰ.①成… Ⅱ.①庄… ②曹… Ⅲ.①家庭教育 Ⅳ.①G78

中国版本图书馆 CIP 数据核字（2014）第 169360 号

策划编辑	范虹轶	**责任印制**	方朋远
责任编辑	苏佳斌　姜莉君	**责任校对**	杨小静

出版发行　中国财富出版社

社　　址	北京市丰台区南四环西路 188 号 5 区 20 楼	**邮政编码**　100070
电　　话	010 - 52227568（发行部）	010 - 52227588 转 307（总编室）
	010 - 68589540（读者服务部）	010 - 52227588 转 305（质检部）
网　　址	http：//www.cfpress.com.cn	
经　　销	新华书店	
印　　刷	北京京都六环印刷厂	
书　　号	ISBN 978 - 7 - 5047 - 5305 - 2/G·0581	
开　　本	710mm×1000mm　1/16	**版　次**　2014 年 8 月第 1 版
印　　张	13	**印　次**　2014 年 8 月第 1 次印刷
字　　数	151 千字	**定　价**　32.00 元

序 言

和孩子一起成长

2004 年 4 月，我的处女作《成功人士的 8 大习惯》出版了，于是一鼓作气，在 2005 年 5 月的时候又出版了《成功经理人的十大法则》。我之所以要做这些事情，既不是为了出名，也不是为了挣大钱，只是为了完成自己的心愿，希望在有生之年能够完成自己的"成功三部曲"：《成功人士的 8 大习惯》《成功经理人的十大法则》和《成功父母的 6 大秘诀》。

其实，早在两年前，出版社就计划出版《成功父母的 6 大秘诀》了，只是由于种种缘由，我一直都没有把书稿发给出版社。之所以会这样，主要是因为有个问题在一直困扰着我：我有什么资格写这样的一本家庭教育图书？我对孩子的教育很成功吗？我是个成功的父亲吗？

可是，一个月前，我辞掉集团总经理的职位在家休息，女儿跟我聊了两次天，让我有了写这本书的信心。

我和女儿的对话（一）

放学回家，吃饭的时候，女儿突然对我说："我很幸福！"

我一愣，忙问："为什么这么说？"

女儿洋溢着幸福的笑脸，说："很多同学说他们都被父母打过，可我没有呀！你们也从来没有骂过我，都是和我平等沟通；同学的父母还经常吵架，而你们从没吵过架，我们家有的是欢声笑语。"

我看着女儿，摸着她的头说："幸福就好！臭宝贝！"

我和女儿的对话（二）

在家休息了 3 天后，一个人静静地思考了好多问题，这天吃饭的时候，我说："感觉自信有点问题。"

女儿听了，迫不及待地说："爸，你很优秀呀！你做到了总经理，做出了那么多的业绩，很厉害呀！另外你还出版了两本书，并且都获了奖，班里同学都知道图书角里有两本书是爸你写的！"

"谢谢你，臭宝贝！有你这句话在，爸还有什么不自信的？"我摸着女儿的头激动地说。

女儿长大了！一直以来，我都教育女儿要自信、积极、阳光、有爱心、有付出才有收获……没想到，如今女儿的话感动了我，更是教育了我。都说父母是孩子的第一任老师，更是孩子的终生老师，其实在教育孩子的时候，父母和孩子是一起学习的，也是和孩子一起成长的。

人生是坎坷的，人生也是快乐的，只要心存梦想，只要心怀阳光，每个人的人生都是一篇动人的乐章。每个人对成功都有不同的认识，成功没有标准的答案，成功的定义需要我们用一生去寻找，在孩子的教育上我一直在思考、一直在探索，本书的所有理念和方法都在自己女儿和自己的学生身上实践过，希望能给家长们带来一定的裨益。

让我们和孩子一起成长吧！让每位父母在和孩子一起成长的过程中学着成为成功的父母吧！

庄之见

2014 年 6 月

目 录
Contents

秘诀1　正确的观念

　　"思维决定行动，行动决定习惯，习惯决定性格，性格决定命运。"这是任何人都改变不了的客观规律。中西方家庭教育观念存在着巨大的差异，中国人需要反思中国的教育，中国的父母更需要反思中国的家庭教育，成功父母需要拥有正确的家庭教育观。

秘诀2　高效的激励

　　教育的秘诀是爱：一句鼓励的话可以拯救一个人的自信、尊严和灵魂，甚至可以拯救孩子背后的一个大世界。所以，我们倡导"赏识教育"。但只要措施得当，惩罚也是一种施爱的教育方式，它和所有教育一样，都是以父母的爱为基点的，只不过惩罚是一种施用特殊手段的施爱教育罢了。

秘诀3　有效的培训

　　家庭是孩子成长的"第一所学校"，父母是孩子的"第一位老师"，也是"终生的老师"，更是"时时的老师"。父母的行为在不知不觉、潜移默化中影响着孩子的行为，父母是孩子的榜样，想要让孩子做到的，父母自己要先做到，这就是"言传身教"的道理所在。在家庭教育中"身教"的示范作用远远大于"言传"的教导作用。

秘诀 4　积极的沟通

西方有句谚语：穿对方的鞋，才知道痛在哪里。试着将自己的想法放下，真正设身处地地站在孩子的立场，尊重孩子、了解孩子、认真倾听孩子的话、仔细地为孩子想一想，你将会发现，家长和孩子间的沟通，会变得出乎意料的容易。

秘诀 5　善诱的引导

与其滔滔不绝给孩子"灌输"道理，不如循循善诱地"引导"孩子。当父母将深奥的哲理采用形象的比喻、生动的故事、真实的体验表述时，会增加语言的感染力和说服力，会让孩子自己去思索、回味。

秘诀6 仁慈的爱心

　　播下爱的种子，就会收获爱的硕果。一点一滴的培养，一言一行的引导，关注、培养孩子的爱心，让爱在孩子心头扎根，让孩子在关爱别人和被人关爱中感受温暖和快乐，成为一个人格健康、幸福快乐的人。

秘诀1 正确的观念

"思维决定行动，行动决定习惯，习惯决定性格，性格决定命运。"这是任何人都改变不了的客观规律。中西方家庭教育观念存在着巨大的差异，中国人需要反思中国的教育，中国的父母更需要反思中国的家庭教育，成功父母需要拥有正确的家庭教育观。

好父母决定孩子的一生

成功源于家庭，教育改变命运！父母是孩子的第一任老师，父母对孩子的教育决定孩子的一生！众所周知：

甘罗 12 岁的时候就做了宰相；

曹植在大殿上走七步便能成诗；

白居易 1 岁的时候开始识字，6 岁便会作诗，16 岁则名扬天下；

莫扎特 5 岁的时候就会作曲，6 岁便举办了主演音乐会；

德国数学家高斯 3 岁掌握心算，5 岁便能解复杂方程式……

可是，看一下我们的孩子：

三四岁，到了上幼儿园的年龄，可孩子就是不喜欢去，每天去幼儿园的时候都是又哭又闹；

孩子胆小，怕生，不喜欢跟同学玩，不喜欢说话，不相信自己；

孩子不管学什么都是三分钟热度，不懂得坚持，遇到了困难就往回缩；

孩子被老人惯了一身坏毛病，家长说破了嘴，可他依然不改；

八九岁，到了上学的年龄，可是孩子却管不住自己，沉溺于游戏，不喜欢学习，一提学习就讨价还价；

做事的时候经常拖拉、丢三落四，需要家长跟在后面不断地提醒；

孩子做事情缺少计划，没有目标，没有时间观念，磨磨蹭蹭；

升入初中之后，孩子本该变成熟一些了，可是他们却跟父母变得更加疏远了，变得叛逆、不听话、管不住；

有的孩子，赏识教育过了头，虚荣、自尊心强，只能听表扬和好话，听不得半点批评，受不得一丝挫折……

还有更严重的情况，让父母十分苦恼：

一个12岁的男孩和母亲打架，将母亲的头打破了。这位母亲给我打来电话，她在电话那头痛不欲生。这位母亲在家庭教育上是无知的，我知道所有的一切都已经不能重新来过了。

安徽阜阳的一位父亲对我说："上小学三年级的女儿一直偷偷地往我的水杯里放铅笔芯末，想要'毒'死我。"说完这些，七尺高的汉子在我面前痛哭失声，这一情景令我终生难忘……

成都，有个8岁的孩子不爱学习，光二年级就转了三次学，最后被学校强行转到特殊教育学校……要强的妈妈很难接受这个现实，发出了这样的疑问：小时候人见人夸的聪明宝贝，怎么会变成一个"弱智"？妈妈的复杂情绪无以言表，觉得很丢人……

为了挽救沉迷于网络的儿子，一位姓姚的父亲毅然辞去了银行的优越工作，每天骑着自行车游走于各家网吧之间寻找儿子。找到儿子后，他就规劝儿子回家，劝不动就打，打急了儿子也还手，父子俩一度大打出手，连小区保安都惊动了。儿子看他的眼神，让周围的人都感到惊惧恐慌。三年来，他跑遍了全市的每个网吧，甚至还亲手绘制了一幅泰州市网吧地图。当我看到那张皱皱巴巴的特殊地图时，被深深地震撼了——图上的一笔一画都是一根根扎在父母心头的针啊！

真是可怜天下父母心哪！可是，孩子为什么会变成这样？为什么？当孩子呱呱坠地的那一刻，父母是多么的喜悦和骄傲，可是为什么仅仅几年之后，父母的"心头肉"却变成了"心头刺"，"无比开心"则变成了"无尽闹心"，"无上骄傲"变成了"无地自容"，甚至感觉痛不欲生……作为一名从事亲子教育20多年的父亲，我想大声告诉各位家长一个事实：教育孩子，方法最重要！

做父母也需要"资格证"，不懂孩子，不了解孩子，就培养不出好孩子。爱孩子是一种本能，连母鸡都会这样做，但是如何去爱孩子，却是一门伟大的学问。今天，绝大多数父母都没有受过任何"职业训练"，完全是"无证上岗"，很多人理所当然地认为凭着满

腔的爱和热情，就可以无师自通地当好父母，结果许多家庭冲突、人生悲剧就这样悄无声息地发生了……

同时，以自己的亲身经历，以及从事亲子教育20多年的经验心得，我还要告诉各位父母：父母完全可以成为孩子最好的老师！每个孩子内心都有一扇门，你只要找到进入孩子内心的那把钥匙，就会出现无穷无尽的奇迹！

比如，我前面提到的那位姓姚的父亲。当他和我沟通后，彻底明白了：为什么自己不惜牺牲事业付出了满腔的爱，孩子却毫不领情；为什么孩子宁愿躲进网吧，也不肯回家……之后，他尝试着用我教给他的方法和孩子沟通，奇迹真的出现了：孩子渐渐意识了自己的错误，重新回到了家庭和学校，而且变得刻苦努力，后来者居上，还以优异的成绩通过学校的选拔获得公费赴美留学一年的机会……这一切是这位父亲在以前从来都不敢想象的。

通过这个案例，我想说明的是：在每个孩子的身上都潜藏着优秀的基因和密码，关键在于父母会不会挖掘和引导！

成才一定有方法！

即使我们不能给孩子提供优越的条件，但完全可以塑造他的优秀性格；即使我们不能给孩子高贵的出身，但完全可以培养他的良好习惯。

对于父母来说，没有任何一项事业比创造优秀的孩子更伟大了！您的任何成功都不能弥补在孩子教育问题上的失败！今天，中国大部分家庭都只有一个孩子，大部分人一辈子只当一次父母！

孩子就是我们生命的全部，我们的一切！

培育一个孩子成功了，就是100％的成功！

培育一个孩子失败了，就是100％的失败！

培养孩子不能靠自己慢慢摸索——孩子等不起！

培养孩子更不能瞎折腾走弯路——孩子误不起！

不要等到孩子已经无法挽救时，才捶胸顿足、后悔不已！

希望那种把孩子小时养成"宠物"，长大逼成"废物"的悲剧不再重演！

培养孩子的好习惯

成功者之所以会获得成功，不是因为他们有超高的天赋和超常的才能，而是因为他们养成了良好的习惯，并善于利用良好的习惯来主宰自己的人生，从而改变命运，迈向成功。

一根小小的柱子，一条细细的链子，居然能够拴住一头千斤重的大象，是不是觉得有点不可思议？可是，这样的场景在印度和泰国却随处可见。为什么会出现这样的情景？为什么一头身宽体胖的大象却会被一根柱子、一条链子拴住？原来，在大象还没有长大的时候，驯象人就会用一条铁链将它们捆绑在水泥柱或钢柱上，无论小象怎么挣扎都无法挣脱。渐渐地，小象养成了习惯，也就不再挣扎，当他们成长为大象的时候，本可以轻而易举地挣脱链子，可是他们也不会挣扎了。

这是一个不争的事实：小象是被链子拴住了，而大象则是被习惯拴住了。习惯是一种顽强的力量，可以主宰你的人生，可以决定你的命运。

几年前，几十位诺贝尔奖得主聚会，记者向一位荣获诺贝尔奖的科学家提问："请问，您是在哪所大学里学到您认为最重要的东西？"这位科学家平静地说："在幼儿园。""在幼儿园学到了什么？""学到把自己的东西分一半给小伙伴；不是自己的东西不要拿；东西要放整齐；吃饭前要洗手；做错事要表示歉意；午饭后要休息；要仔细观察大自然……"这位科学家的回答出人意料，但直接明了地说明了儿时养成的良好习惯对人的一生具有决定性的意义。

播下一个行动，你将收获一种习惯；

播下一种习惯，你将收获一种性格；

播下一种性格，你将收获一种命运。

——拿破仑·希尔

拿破仑·希尔说："习惯能成就一个人，也能够摧毁一个人。"青少年研究专家孙云晓指出："习惯决定孩子的命运。"习惯的力量是巨大的，人一旦养成一个习惯，就会不自觉地在这个习惯的轨道上运行。如果养成的是好习惯，将会受益终生；反之，则会在不知不觉中害你一辈子。

坏习惯往往是一种顽疾，一旦形成，改起来就难了。所以，做家长的，与其让孩子形成坏习惯后再费尽心思地帮他去改，不如提前了解坏习惯的家庭成因，早做预防，让坏习惯在尚未形成之前就胎死腹中。

1. 孩子不良习惯养成的原因

概括起来，孩子不良习惯的家庭成因，除了不可掌控的先天因素（遗传）以外，主要有以下三个原因：

（1）模仿

习惯来自模仿！调查发现，孩子之所以容易养成坏习惯，绝大部分是受到了父母和家人的影响，比如，大人睡觉时间晚，孩子就不会早睡觉；大人吃饭时间不固定，孩子也会饥一顿饱一顿；大人用完东西随手放置，孩子也会没有次序观念……

婴幼儿时期，孩子的模仿力都很强，大人的一言一行都会被孩子所模仿，进而养成一些不良习惯。因此，要想让你孩子养成良好的习惯，家长就要从自身做起！

（2）重复

事实证明，习惯是由行为不断重复制造出来，并根据自然法则养成的。一个动作、一种行为重复多次就会成为习惯。

一次，柏拉图看到有个孩子总在玩一个很愚蠢的游戏，于是便毫不留情地训斥了他。

小男孩不服气地说："您就为这一点小事而谴责我?!"

"你经常这样做就不再是小事了，"柏拉图回答说，"你会养成一个终生受害的坏习惯。"

柏拉图是在训斥小孩，其实也是在告诉各位家长，重复的力量是巨大的！一旦形成习惯，就会不自觉地在这个轨道上运行。因此，当我们发现孩子做出了某种错误的行为表现时，就要及时制止！

（3）纵容

关于纵容的危害，有一个盗窃犯的故事——临刑前咬掉妈妈的乳头！

北方，一所监狱里，年仅24岁因盗窃杀人被判处死刑的年轻人即将被执行死刑。临刑前，年轻人对狱警说要见妈妈最后一面，监狱长同意了他的请求。

在会见室，母子不禁抱头痛哭。哭完之后，年轻人对妈妈说："我想最后吃一回妈妈的奶，行吗？"妈妈答应了。妈妈解开衣衫，看守的狱警见此情景赶忙转过身去。就在此时，这位妈妈发出了一声撕心裂肺的"哎哟"。狱警震惊地转过身子，看到她正用双手捂着鲜血淋漓的胸部。年轻人从嘴里吐出咬断的奶头，对着妈妈恶狠狠地说："我——恨——你！"狱警急忙给案犯带上了手铐，妇人则被送往医院……

审讯室里，狱警问年轻人，为什么？年轻人讲述了妈妈误导他走上人生歧途的经历。

原来，在年轻人很小的时候，父亲就去世了，是妈妈一个人将他带大的。在他三四岁时，一次妈妈带他到邻居家玩，无意间看到地上有枚五分钱硬币，他便用小脚踩住，趁大家不注意时捡起来揣到兜里。回家了，他将硬币交给了妈妈。妈妈得知情况后，没有让他送回去，反而却夸他："好儿子！"

妈妈做梦也没有想到，这一声"好儿子"却断送了儿子的年轻性命！从那以后，孩子为了取悦妈妈，经常会将小偷小摸得来的东西交给妈妈，妈妈照收不误，也不忘随口夸一句："好儿子！"

上学之后，铅笔、橡皮、尺子之类的文具，他基本都没有买过；上中学后，零花钱也基本不找妈妈要。他的学习成绩一

塌糊涂，可是偷窃水平却越来越高。毕业后，虽然他也参加了工作，但也是三天打鱼两天晒网。他独来独往，提溜、割包、入室……屡屡得手。

艺高人胆大！男孩的欲望越来越大，最后他将自己的手伸向了珠宝店。结果，因盗窃杀人而被判死刑。年轻人将一切罪责统归于自己的妈妈，于是便出现了前面的一幕。

不可否认，这个年轻人之所以会成为江洋大盗，最终被判处死刑，与小时候母亲对他的纵容是有直接关系的。试想，当他第一次偷东西的时候，母亲如果能够及时制止，也许他的人生会是另一番境遇。

很多孩子的不良习惯，都是在父母的纵容下形成的。当孩子第一次做了错事的时候，父母就一定要明确表明自己的态度，并予以制止，否则一旦形成恶习，就很难改正了。

有时候，对于孩子偶发的不良行为，有些父母会不闻不问，保持沉默，这是不对的。因为沉默也是　种纵容，是一种心理暗示，它会使孩子觉得：这样做没什么不可以。于是，孩子就会放手去做，最终养成恶习，贻误终生。

～～～～～～～～～～～～～～～～～～～～～～～～～～～～～

什么是教育，简单一句话，就是要养成良好的习惯。父母的第一责任是教育孩子，而教育孩子的第一位就是培养孩子的好习惯。

——叶圣陶

～～～～～～～～～～～～～～～～～～～～～～～～～～～～～

后天环境和后天教育是可以人为控制的，家长要在了解不良习惯的家庭成因的基础上，从改正自身不良习惯做起，给孩子树立一个好榜样，并努力在家庭教育中加以预防，以此来最大限度地避免孩子形成不良习惯。

远离坏习惯，养成终生受用的好习惯，家庭教育就会事半功倍，孩子也就比较容易走向成功！这不正是每位家长都希望看到的吗？

2. 培养孩子好习惯的方法

（1）要想教育孩子，就要先了解孩子

任何教育都应以了解教育对象为前提。成熟的父母一般都善于与孩子沟通，知道孩子在想什么，在干什么。当孩子做出一些让成人难以理解的事情时，他们不会当即质问或训斥，而是会平心静气地从孩子的角度思考问题：孩子为什么要这么做？经过这样的思考，就容易了解孩子了，长此以往，就慢慢地帮助孩子养成了好习惯。

（2）身体力行，给孩子树立一个好榜样

孟母三迁的故事告诉我们，周围的环境对孩子的成长很重要，在无意识中会影响孩子的行为！尤其是父母自己的言行对孩子的影响更大。

一位父亲在谈到女儿的不良习惯时，检讨说："女儿总是习惯随手乱丢东西；做作业时，一会儿找削笔刀，一会儿喝饮料，一会儿又看动画片；再三催促下写完的作业，字迹

潦草，错误很多。这实在令我们头痛，也不得不令我们反省。我认为，坏习惯的养成是有一定的原因的，只有搞清楚了原因，才能采取针对性措施予以纠正。孩子之所以会出现这样的情形，和我们是有一定的关系的。杂乱的屋子、无规律的生活方式，影响了她的注意力，是导致她形成上述坏习惯的主要原因。"

（3）训练孩子形成好习惯

所谓习惯，是指通过重复或练习而巩固下来并变成某种动作的一种需要。从生理机制上来说，习惯是后天获得的一种趋于稳定的动力定型。当个体在一定的刺激情景作用下时，条件反射的连锁系统就会自动地出现，人就会自动地进行同样的有关动作。

其实，习惯不仅可以在无意识状态中养成，更可以在有意识的训练中形成。一般来说，习惯是可以在有目的、有计划的训练中形成的。为人父母者一定要密切关注孩子的一言一行、一举一动，尽可能地避免重复造成的不良习惯，即使是挖鼻孔这样的小毛病，一旦发现也要及时制止，绝不能纵容；要利用各种激励方法让孩子重复形成好习惯的动作，直至形成好习惯。

（4）高度关注培养习惯的最佳时期

研究表明，3～12岁是一个人形成良好行为的关键期。过了12岁，孩子已经逐渐形成了许多习惯，新习惯要想扎下根来就难得多了。

~~~~~~~~~~~~~~~~~~~~~~~~~~

早期教育花一公斤的气力

=

后期教育花一吨的气力

~~~~~~~~~~~~~~~~~~~~~~~~~~

凡是学习成绩好而且稳定的孩子，都从小培养形成了良好的学习习惯；而成绩忽好忽坏的孩子，往往都缺乏良好的学习习惯。如何培养孩子形成良好的学习习惯呢？可以从以下几方面做起：

①让孩子养成复习旧课和预习新课的习惯

督促孩子按时复习当天课程，预习第二天要上的新课，不仅可以帮助孩子巩固当天所学知识，还能够为第二天的新课打下基础。如果当天所学的知识不巩固，甚至没有学会，日积月累，在学习上就会产生积重难返的大困难。所以一定要让孩子养成预习—听讲—复习—作业—总结的系统学习方法。

②引导孩子在规定时间内学习的习惯

孩子在学校里的学习是有严格时间规定的，在家里也应该有个固定的学习时间。例如，放学后应先写作业后玩；在晚饭后稍稍休息一下，立即做功课。

调查表明，学习成绩好的孩子一般都可以在严格规定的时间内做好功课，他们已经形成了一种时间定向，一到时间就会自然而然地产生出学习的愿望和情绪。这种时间定向能使孩子很快地进入专心学习的状态。

　　同时，要训练孩子的专注能力，鼓励他们集中精力学习，学习时不能摸摸这儿、看看那儿或迟迟进入不了学习状态。否则，既白白浪费了时光，也会养成做事心不在焉的坏习惯。久而久之，孩子就会思维迟钝，影响智力发展，学业落后，以致形成拖沓的作风。因此，不能只满足于孩子"一坐就是几个小时"，要教育他们在规定的时间内精神专注，高效率地完成任务，训练他们高度的专注能力。

　　③教育孩子养成做完作业细心检查的习惯

　　做作业时一般都是整体知觉在发挥作用，可是有些孩子只顾赶进度、出思路，很少会顾及一些细节问题，因此在作业中常常会出现差错，不是写了错别字，就是看错运算符号或者少做了习题。做完作业之后，要引导孩子做检查，如看看是否存在答错、漏答、漏单位等现象。

塑造成功父母的新观念

中央电视台曾经针对中美即将升入大学的高中生录制了一期《对话》节目，节目中有两个场景值得中国的父母深思。

场景1：

> 在价值取向的考察中，主持人分别给出了智慧、权力、真理、金钱和美的选项。美国高中生几乎惊人一致地选择了真理和智慧。而中国高中生只有一个人选择了美，没有一个人选择真理和智慧，有的人选择了财富，有的人选择了权力。

场景2：

> 这个场景是让高中生制订对非洲贫困儿童的援助计划。中国高中生先是歌颂了丝绸之路、郑和下西洋，吟咏茶马古道，然后有人弹古筝，有人弹钢琴，有人吹箫，却对非洲的援助计划轻描淡写地一笔带过。有人问："如果你们募捐，要我掏钱出来，我的钱都花在什么地方？"这些高中生面面相觑，谁也回答不出来。

> 美国高中生的方案，则是从一些社会生活细节入手，如教育、就业、食物、饮用水、艾滋病的预防、避孕等实际问题，每一项做什么，准备怎么做，甚至具体到每一项的预算。那些

预算竟然精准到几角几分，整个计划拿来就可以进入实施阶段。

这样一种教育的对比，刺痛了大部分中国人的心灵。中国人需要反思中国教育，中国的父母更需要反思中国的家庭教育。

父母是孩子的第一任老师，

父母更是孩子永远的、一生的老师。

有人在采访一位教育专家时曾问过这样一个问题："您认为对于一个人的一生，或者说对于一个人的成功，最重要的是什么?"专家毫不迟疑地回答："是父母，是家庭。"他说，人们常说"父母是孩子的第一任老师"，其实，父母更是孩子永远的、一生的老师。人的一生会在不同的学校读书，会在不同的单位工作，会遇到不同的老师、同学、朋友、同事，但这些都是随机的、可以选择的。只有父母是无法选择的，也是对孩子影响最大的。

可是，今天中国的家庭教育却出现了这样一些败笔：

1. 过分溺爱——忽略非智力因素的培养

孩子是父母的爱情结晶，爱孩子是父母的天性，但溺爱孩子却是人类独创的一种另类之爱。在世界各国的家庭教育中，中国父母对孩子的溺爱程度当仁不让地名列前茅。这种溺爱，是人性之中的一种畸形心理，对孩子来说是一副温柔的枷锁。

除了溺爱，中国父母对孩子非智力因素的忽视也相当可怕。很多父母按照自己的思维方式，严重扼杀了幼小孩子的心理、情感、意志和兴趣等非智力因素，从三四岁甚至更早，父母们便开始让孩子们学汉字、念唐诗、背宋词、练算术，完全不顾及孩子爱玩的天性，一味地让孩子学死知识，一味地命令，将孩子的自尊心、自信心、坚持性和创新力等非智力因素抛之脑后。

2. 心灵施暴——扼杀独立人格的树立

有一个关于教育的小故事很有意思，说的就是中国家庭教育和国外家庭教育的区别：

一个中国儿童拿着自己画的图画让父母看，他说："你看，我画得像不像？"同样，国外的孩子会向父母说："你看，我画得好不好？"一个"像"，一个"好"，仅一字之差，意义却完全不同。相同的环境下，异样的提问方式，得到截然不同的回答是肯定的，两种不同的教育方式和理念跃然纸上！

早期教育：智力胜于能力。

自古至今，中国人从来都不缺乏智慧，但我们对于创新能力、应变能力和竞争能力的缺乏，却是毫无疑问的。父母是孩子的第一任老师，如果孩子在第一任老师的培养下，没有树立起独立的人格，就是一种悲哀了！

3. 物质刺激——变相拜金主义的诱导

在中国家庭教育下长大的孩子，对于"物质刺激"这个词语一

定并不陌生。据了解，这好像是中国父母们独有的杀手锏：考试成绩全部85分以上，给孩子买玩具和酸奶；要是能在全班排名中进入前三，奖励100块钱……凡此种种，方式不同，但刺激效果却是惊人的相似。当人生观的追求转化成物质上的贪婪时，怎么能培养起孩子独立的竞争意识和健全的人格呢？

4. 动辄体罚——应试教育的最好帮凶

体罚对于中国的孩子来说，是最熟悉不过的，特别是在农村和教育欠发达地区的一些学校里。在"不打不成材""棍棒之下出孝子"等观念的指引下，一个崭新的轮回继续着：被棍棒打出来的父母依然揍着自己的孩子，被棍棒打出来的老师依然敲打着自己的学生。

今天你体罚孩子了吗？

今天，虽然人们都知道，应试教育的填鸭式教学是不科学的，可是出于对成绩的渴盼，父母们只好全力支持学校教育，争做应试教育的帮凶。孩子放学回家刚放下书包，父母的第一句话就是："老师布置的作业完成了吗？就想去玩儿！""老师不是让你写30遍新字词吗？你写了几遍了？"这是每个人都经历过的，也是每个人都服从过的。是不是很可笑？

5. 朝令夕改——缺乏教育目标的远景性和阶段性

家长们由于都在为生计奔波，因此较少为孩子设定远景性的教育目标。今天觉得当官好，就对孩子说好好学习，争取以后做大官；明天如果觉得写书赚钱，就会买来一堆文学作品，让孩子发奋读书。虽然家长自身的素质高低不同，对孩子的教育也会相应地有所差别，但是大部分家长对孩子的教育模式和教育方向缺乏远景性和阶段性，这一点是不用怀疑的！

6. 精神方面——孩子是家长最熟悉的陌生人

让孩子拥有一个快乐的童年。

在早期的家庭教育中，父母是主人，但在孩子升入小学、中学后，父母主人翁的身份便被学校分担了很大一部分。经常可以听到家长们说"终于轻松了，我儿子住校了""学校老师会教育好孩子的，咱们该歇着啦""孩子一个月甚至半年才回家一次，我上哪儿去教育他呀"……父母和孩子长时间不见面，见面后只是不冷不淡地说几句客套话，结果孩子成了家长们最熟悉的陌生人：熟悉的，是孩子的过去；陌生的，是孩子的精神和未来。

7. 事业方面——孩子沦为家长实现未泯理想的工具

在孩子小时候，很多家长都抱着这样的思想："我们那时候条件差，都没机会念大学，所以你要好好学习，争取上大学深造！"好好学习，以高分考个好大学，似乎是中国家长们对孩子们唯一的期待。

有些家长则觉得："我读了大学，有了学历，结果还是没当个像样的官，所以你念完大学，一定要当大官！"于是，从帮孩子选小学

开始，家长就跑路子、托关系。

这就是中国的孩子！孩子经过自己的努力之后，好不容易考出了高分，可是回家会问父母："我应该报哪所大学啊？"将要踏进大学校门的时候，他们还得问父母："要选择什么专业？"这些都是中国式家庭教育的恶果：由孩子被动地听家长吩咐，逐渐深化，趋向同化，最后到什么问题都向家长询问，沦为家长实现他们未泯理想的工具。

8. 道德方面——家长和学校教育一起超级空白

中国家庭教育里，最被重视的是孩子的智力因素，至于德、体、美、劳等其他方面的发展，在家庭教育和学校教育都是一纸空文。小时候，在发的奖状里会写上这样几个字：该生在本学期之内，德智体美劳全面发展，成绩优秀，特此奖励，以兹鼓励！其实，仅仅是因为孩子试卷被打了 95 分而已。

9. 生活方面——近乎泛滥的物质支持

如果说孩子从小的生活习惯会因家庭的不同而有所差异，那么当孩子长大成人，独自在外地念书时，很多家长就会开始给予孩子近乎泛滥的物质支持。概括起来，孩子从小所接受的金钱等物质来源大概有以下几个：成绩达标后的"奖金"；帮父母买东西找回的零钱；家长每天给的饭钱和坐车费用；亲戚给的奖励，特别是过年时的压岁钱；节假期间打工的酬劳。

给孩子一些物质支持本无可厚非，可是一旦泛滥，孩子的大脑就会被金钱左右，这是十分可怕的！

10. 性教育方面——孩子顺利成长的绊脚石

好问是孩子的天性！小的时候，很多孩子都会问妈妈："我是从哪儿来的？"但很多妈妈会毫不犹豫地回答："你是我在大街上捡来的！"以此来回避性教育问题。

而学校教育呢？初中开设了生理卫生课，讲到"人体生殖器官"那一章节时，女老师就会神秘消失，男老师来代课，也只是草草说几句便让大家自己看课本。

~~~~~~~~~~~~~

家庭性教育，

父母是关键！

~~~~~~~~~~~~~

家庭教育是人生的第一所学校，也是每个人永久的学校。父母是孩子的启蒙老师，承担着对孩子的"摇篮教育"；父母也是孩子的终生老师，关系到孩子的"终生教育"。父母如果不能与时俱进，孩子如何能成龙成凤？成功父母要先从塑造父母家庭教育新思维做起！只有通过一点点的改变，才能使你成为成功父母，使你的孩子更成功。

今天的竞争，绝不仅仅是知识和智能的较量，更多的是意志、心理状态和做人的比拼。中国父母需要反思，更需要学习。由于历史传统、社会文化背景的不同，中西方家庭教育观念存在着巨大的差异，从这些差异中，我们可以找出许多值得中国父母学习和借鉴的观念和做法：

观念决定行为!

• 西方家长普遍认为，孩子从出生那天起就是一个独立的个体，有自己独立的意愿和个性。无论是家长、老师，还是亲友，都没有权利去支配和限制他的行为；在大多数情况下都不能替孩子做选择，要让孩子感到他是自己的主人，要尊重和理解孩子的心理。

• 西方家长一般都相信，孩子具有自我反省和自我教育的能力，要自己劳作、自己生活，他们鼓励孩子从劳作中得到快乐，从动手中获得各种知识和技能。孩子能做到的，他们会鼓励孩子自己做，这是对孩子的尊重。

• 西方家长一般都没有希望孩子成名成家的观念，他们不会费尽心思地设计孩子的未来，而是注重孩子的自由发展，他们会努力把孩子培养成为能够适应各种环境、具备独立生存能力的社会人。他们的家庭教育是以培养孩子成为一个富有开拓精神、能够自食其力的人为出发点的。

• 西方家长更加重视孩子健康心理的培养，经常与孩子交流情感，关心孩子的心理需要。家长把快乐教育作为一项重要的教育内容来实施，经常和孩子一起讨论问题，孩子遇到烦恼的时候也愿意跟家长商量。

美国家长常说的三句话

（1）"Stand behind. Don't push."（站在后面，不要推。）

（2）"交给他们开门的钥匙比带他们进入房间更为合适。"

（3）"去做！""去试试！"

● 西方家长重视从日常行为与情感中对孩子进行"做人的教育"，他们注重从内心情感去尊重别人，看重的是日常生活中的行为与习惯的培养。

教育要循序渐进，这不仅适用于智力教育、知识教育，同样适用于道德教育。如果你想减少作为父母的不安，并从教育孩子的过程中获得快乐，可以认真读一下美国学者戴维·刘易斯的如下建议，您可能会有所收获：

（1）对孩子提出的所有问题，都要耐心和诚实地作出回答。

（2）认真对待孩子提出的正经问题和看法。

（3）安放一个陈列架，孩子可以在上面展示自己制作的东西。

（4）孩子房间里或者桌面上很乱，不要责备，只要这与他的创作活动有关。

（5）给孩子一个房间或者房间的一部分，供他玩耍。

（6）向孩子说明，他本身已经很可爱了，用不着再表现自己。

（7）让孩子做他力所能及的事情。

（8）帮助孩子制订他的个人计划和完成计划的方法。

（9）带孩子到他感兴趣的地方去玩。

（10）帮助孩子改善他的作业。

（11）帮助孩子与来自不同社会文化阶层的孩子们正常交往。

（12）遵循合理的行为标准并留心使孩子照着做。

（13）不对孩子说，他比别的孩子差。

（14）不用辱骂来惩罚孩子。

（15）向孩子提供书籍和材料，鼓励他做自己喜欢做的事。

（16）让孩子独立思考问题。

（17）定期为孩子读点东西。

（18）让孩子从小养成读书的习惯。

（19）鼓励孩子编故事，去幻想。

（20）认真对待孩子的个人要求。

（21）每天都抽出时间与孩子单独在一起。

（22）允许孩子参加计划家务和外出旅行的事情。

（23）孩子犯错误，不要戏弄他。

（24）孩子会背诗、讲故事和唱歌曲，多加表扬。

（25）教孩子与各种年龄的成年人自由交往。

（26）拟订一份详细的实验计划，帮助孩子了解更多的事情。

（27）允许孩子玩各种废弃物。

（28）鼓励孩子发现问题，随后解决这些问题。

（29）在孩子做的事情中，不断寻找值得赞许的东西。

（30）不要空洞地、不真诚地表扬孩子。

（31）诚实地评价自己对孩子的感情。

（32）不存在完全不能与孩子讨论的话题。

（33）让孩子有机会真正自己做决定。

（34）帮助孩子成为有个性的人。

（35）帮助孩子找到值得收看的电视节目。

（36）发掘孩子积极认识自己才干的能力。

（37）不对孩子的失败表示蔑视。

（38）鼓励孩子尽量不依赖成年人。

（39）相信孩子的理智并信任他。

（40）让孩子独立完成他所从事的工作的基本部分，即使没有积极的结果也好。

成长比成功更重要

为了说明问题，我们先看一下这样几个案例：

长春第五十三中学 14 岁小学生周晓旭之死

周晓旭是个漂亮、聪明、刻苦、好强、品学兼优的女孩子，2003 年 3 月 5 日凌晨她突然感觉头颅疼痛，还想呕吐，几分钟后就陷入了昏迷状态。送入医院后，8 天都没有醒过来，结果不治身亡。诊断结果令人震惊：长期的过度疲劳和精神压力，促使脑血管畸形，引发了脑血管动脉破裂。也就是说，晓旭是累死的。

晓旭去世后，记者在她的书桌左侧发现了一张"寒假安排"，上面写着：

每天早上 6：30 起床

8：00 ~ 11：00 写作业

下午 1：00 ~ 2：00 做《数学全能训练》

2：00 ~ 2：30 预习初一下学期英语书

2：30 ~ 3：00 看《名著导读》

3：00 ~ 4：00 看课外书

每天背一首古诗

每天做一个单元的《海淀金牌》

每天坚持练字

每周写一篇作文和英文作文

周六周日自学《目标英语》

……

一位中国孩子在美国的小学经历

小男孩在 9 岁的时候被妈妈带到了美国，之后进入离公寓不远的一所美国小学学习。在这所学校，小男孩体会到了一种不同于以往的上学方式：学生可以在课堂上放声大笑，每天至少让学生玩两个小时，下午不到三点就放学回家，最让他大开眼界的是没有教科书。

小男孩每天都会背着空空的书包兴高采烈地去上学，不知不觉一天天过去了，小男孩的英语进步了不少，放学后也不直接回家了，而是常去图书馆，有时候甚至会背回一大书包书。妈妈问他，一次借这么多书干什么？他一边看着借来的书，一边操作着电脑，头也不抬地说："作业。"这叫作业吗？妈妈看到孩子打在电脑屏幕上的标题，有些哭笑不得——《中国的昨天和今天》，这样大的题目，即使是博士，敢去做吗？

几天之后，男孩完成了这篇作业。他打印出来一本 20 多页的小册子，从九曲黄河到象形文字，从丝路到五星红旗……男孩还把这篇文章分出了章与节，在文章最后列出了参考书目。妈妈看到了，感到不可思议，因为这可是她 30 岁读研究生时才开始运用的写作方式。

不久, 小男孩的另一篇作文又出来了——《我怎么看人类文化》。后来, 小男孩把老师看过的作业带回来, 上面有老师的批语: "我安排本次作业的初衷是让孩子们开阔眼界, 活跃思维, 而读他们作业往往会让我进入到我希望孩子们进入的境界。"

一次, 妈妈问小男孩的老师: "你们怎么不让孩子背记一些重要的东西?"老师笑着说: "在人的创造能力中有两样东西比死记硬背更重要: 一是知道到哪里去寻找所需要的比能够记忆的多得多的知识; 二是综合使用这些知识进行新的创造的能力。死记硬背是不会丰富一个人的知识的, 更不会让一个人变得更加聪明, 这就是我的观点。"

这个小男孩小学毕业的时候, 已经能够熟练地在图书馆利用电脑和微缩胶片系统地查找他所需要的各种文字和图像资料了。

也许这就是中外教育的差异! 起初我也并不相信, 可是当我在2004年作为受训老师来到加拿大学校亲身感受后我确信了:

一年级的教室非常花哨, 墙上贴着标着图画的字母表、数字、地图、学生绘画等, 根本没一块空闲的地方。教室看起来似乎很乱, 但所有的东西对孩子们来说都是有用的。这种花花绿绿的环境, 任何一个孩子都喜欢。

每个班级一般有20人左右, 再多了就要分班。老师上课也不强求学生坐成什么样, 可以随意坐, 甚至可以趴在地上, 只要注意听、不出声就成。

老师鼓励孩子们多玩、会玩，经常会向孩子们灌输一个概念——分享，大家一起玩。每周都有一天让孩子们每人带一件自己得意的玩具到教室，彼此交流一起玩。

不可否认，国外教育有一个重要的特点：不强迫孩子学习，不强迫孩子读书，不强迫孩子学习规矩。这样，随着孩子一天一天地成长，慢慢地他们就会看书了，会书写了，会守规矩了，不知不觉地，孩子也就喜欢上了学校，喜欢上了阅读，喜欢上了表达自己的感受。这样的教育不急功近利，能够让孩子踏踏实实、健康快乐地学习和成长。

在竞争日趋激烈的世界，每个孩子都渴望知道自己如何走向成功，每位老师都期盼自己教出的学生早日取得喜人的成绩，每位家长都希望自己的孩子能够尽快成材。但成功只是目标，成长是达到这个目标的道路，当我们更多地关注孩子如何才能更加健康快乐地成长的时候，成功就会主动来到孩子身边。

塑造孩子优秀的品质

一个朋友曾经给我讲过她女儿的故事：

朋友的女儿叫李菲，学习认真，喜欢帮助别人，老师和同学都很喜欢她。同学王佳刚转学过来的时候，因受外地教学水平的影响，英语成绩不好。李菲是英语课代表，就主动向老师请缨，帮助王佳。

期末考试结束了，在李菲的帮助下，王佳的英语成绩得到了很大的提高，加上她其他科目的成绩本来就不错，使她一下子进入了全班的前10名，甚至超过了李菲。家长会上，老师特别表扬了李菲放弃自己的休息时间主动帮助同学的行为。王佳的妈妈在老师的引见下向李菲的爸爸表示感谢。李菲的爸爸虽然表面上很高兴，但心里觉得有点别扭。

回到家里，他对女儿说："人家王佳考得比你还好！"李菲说："当然！"然后，女儿还兴高采烈地告诉爸爸："其实，她特聪明，其他几科都挺棒的，就是英语不好，所以我稍微帮一帮她，她就进步特快。王佳还郑重其事地感谢我，弄得我挺不好意思的，我们现在是好朋友了！"

爸爸看着女儿心无城府的样子，不知道该高兴还是该生气："真傻！你也不知道人家学习到底怎样，就主动帮助人家，好像你自己学习多好似的。人家用得着你帮吗？你花时间帮助别人，耽误了自己的功课。结果，自己的帮助对象反倒超过了你，你又多了一个竞争对手，还高兴呢？以后，少瞎积极帮助别人了，管好自己的事就行了。"

听完朋友的陈述，我心里真不是滋味。助人为乐是一种优良的道德品质，是一种美德，但成人的心理有时却显得过于狭隘、自私，他们只注重可以看得到、摸得到的东西，而忽视了精神上、情感上的东西。

今天，成人疯长的是自我意识，萎靡的却是敬畏之心：对自然的敬畏，对游戏规则的敬畏，对人性中诸如诚信、善意、良心、给予、平等、尊重等优良品质等精神遗产的敬畏……虽然今天的物质生活水平提高了，可是并不能填补教养、品质和精神的贫穷。

～～～～～～～～～～～～～～～～～～～～～～～～～～

经验证实，求助于外力所得到的幸福、成功或解决问题之道，往往经不起考验。

——成功学大师　柯维

～～～～～～～～～～～～～～～～～～～～～～～～～～

植物之所以能进行光合作用，发挥制造营养的功能，是因为植物有叶绿素的关系；铁屑之所以能够吸附在磁石上，不仅是因为质量相差太大，还因为磁石有磁场；苹果之所以能够从树上落下，是因为地球有地心引力……世上万物，有果必有因……这些都是事物

内在最本质的东西。可是在利益驱动的当今社会，在人人都在梦想成功的今朝，人们都在不遗余力地学习各种各样的技巧，都在追求各种各样的外力，结果却毫无所获。

中央电视台《对话》栏目曾经做过一期节目——"当今中国需要什么样的人才"。辩论是从"人品排第几"开始的，结果是令人感到惊讶的！美国老板把"人品"排在所有素质的第一位。而中国校长却不以为然，他坚持认为"创新第一"，"人品"却被列在第三位之外。

李开复赞同"人品第一"，他说："如果一个人的人品有缺陷，从公司的立场来说，是不可以雇佣的。因为我要把公司的重要的钥匙交给你，所以我必须信任你。我并不认为每个人都要做圣人，也不认为我们要做圣人公司，这是为了公司利益。而且，我个人也不喜欢人格不好的人，至少不能违犯基本的道德规范，不能做违背良心的事情，这是最重要的。""对话"之后的很多天，李开复始终感到很不开心，就好像被一片乌云笼罩着。回顾完自己的经历后，他说："当今中国的教育，最大的问题出在老师和家长身上！"

任何一个人都知道，助人为乐、热心公益、勤俭节约、勇于承担责任等是优良的道德品质，是一种美德。可是很多时候，现实中的一些不公正、不公平却让成人的心理变得狭隘、自私了，忽视了道德品质的培养在教育中的重要性。

具备社会公德心、爱心、责任感、正义感，是每个人立足社会的最基本的素质之一。在奉献和给予中，孩子也能体会到快乐，享受到成功的喜悦，实现自己作为一个社会人的价值。这对孩子的健康成长是非常重要的。

在美国史迪文森小学的毕业典礼的舞台上悬挂的学校对所有毕业生家长的声明是：这就是我们给予学生的一切——自尊、信誉、态度、责任、公平、宽容、诚实、关心他人、公民意识、领导能力。

生活毁灭人的过程是悄无声息的，就像是滴水穿石；同样，生活成就一个人也是无声无息的。只有关注生活的本源，成为生活的主人，才能被生活所成就。

在家庭教育的过程中，最重要的任务是筑建人格长城，如果希望孩子听话、更讨人喜欢，就要先做个言行一致、充满爱心的父母；如果要让孩子拥有良好的人际关系，就要让他从诚信开始做起；如果想让孩子获得别人的信任，就先让他做个值得信任的人；如果想让孩子获得上司的提拔，就要先让他先做个尽心尽职的员工……如果想要孩子获得成功，先要培养孩子的优秀的品质。

成功学大师柯维在经过大量的研究后，说："从我与他们接触的经验证实，求助于外力所得到的幸福、成功或解决问题之道，往往经不起考验。"人类在探索幸福和成功的道路上，最初都是注重原则、品格的；随着人心的浮躁，重点便转向了强调技巧的个性伦理，人们开始只注重个人的利益，讲求外表和包装，只顾寻求技巧而不注重内涵……环顾四周，审视内心，才是每个成功人士的必经之路。

培养孩子健康的心理

今天，很多家长只重视孩子的学习，对孩子的心理却不闻不问，致使孩子的心理问题频频出现：

12355 海南青少年服务台针对海南省青少年心理健康状况，在海南 16 所大中院校以问卷调查、团体沙龙和座谈会的形式开展了一次调查。工作人员以 12 ~ 22 岁的青少年为样本，随机抽取了 243 个初中生，755 个高中生，268 个大学生。调查结果表明，超过 25% 的人出现过抑郁、焦虑、人际交往困难、自卑、情绪波动和躯体反应等方面的心理和行为问题。其中，出现过情绪波动、自卑、焦虑等心理问题的青少年都超过了 30%。

孩子是社会的未来！对于家庭来说，孩子更是希望和快乐所在。孩子身心健康才有家庭的健康与和谐；只有家庭健康与和谐了，才能构建和谐的社会。

美国哈佛大学的教育专家认为，中国人在子女的教育过程中存在一定的偏差，只注重孩子的学习成绩，忽略了孩子的心理健康。美国哈佛的教育专家提出了如下意见：

• 不管做任何事情，仅仅靠信心是不够的，必须将信心与科学的行为结合起来。只有按照科学的方法教育孩子，孩子的智慧潜能才会得到极大的开发。

● 心灵上的沟通是激励和培养孩子上进的有效途径，要想办法消除同孩子思想方面沟通的障碍。如果不善于与孩子沟通，就不能很好地了解和理解孩子。心灵沟通、理解孩子是培养孩子的一种有效方式，父母要主动同孩子亲近，多理解孩子，多站在孩子的角度想问题。

● 未来社会需要心理健康的人才，父母不仅要给孩子提供丰足的物质条件，还应注重促进孩子的心理健康。要鼓励孩子养成快乐的性格；鼓励孩子学会与他人的交往与沟通；鼓励孩子大胆地去干自己想做的事情……在不同的成长阶段，每个孩子身上都有一些所谓的坏毛病，父母要找出孩子产生坏毛病的行为动机，对症下药，纠正孩子的不良行为与习惯。不能一味地批评和粗暴地斥责，可以先指明他的缺点，然后要求他积极改正。

每个父母都希望孩子能够成才，这也是他们心中的神圣职责。在世界上，几乎没有人能向中国的父母这样关心孩子的学习，关注孩子的未来。然而，究竟怎样才能使孩子健康地成长，如何才能使孩子成为有用之才呢？父母要与时俱进，不断地学习新的教育思想，接受新的教育理念，让孩子有个健康的心理。

研究发现，儿童时期是培养健康心理的黄金时期，各种习惯和行为模式都在这时奠定基础的，如果忽略了孩子的心理卫生，那么孩子成人后是很难有健全的人格和健康的心理。

智商（IQ）＋情商（EQ）＋爱心

＝

美好未来

如何培养孩子健康的心理呢？在日常生活中要用正常的心理原则来训练孩子，要做到以下几点：

（1）不要过分关心孩子。不要过分关心孩子，否则孩子就会过度以自我为中心，变得自高自大。

（2）不要贿赂孩子。要让孩子从小知道权利与义务的关系，不尽义务不能享受权利，不要贿赂孩子。

（3）不要和孩子过于亲近。不要太亲近孩子，要鼓励孩子多与同龄人一起生活、学习、玩耍，引导他们学会与人相处。

（4）不要难为孩子。不要勉强孩子做一些他们不能胜任的事情，孩子的自信心多半是由成功慢慢培养起来的，强迫他们做力所不及的事情，只会打击他们的自信心。

（5）不要打骂孩子。打骂孩子会让孩子形成自卑、胆怯、逃避等不健康心理，或导致反抗、残暴、说谎、离家出走等异常行为。

（6）不要欺骗和恐吓孩子。吓唬孩子会丧失父母在孩子心目中的权威性，以后的一切告诫，孩子就不会服从了。

（7）不要当众嘲笑孩子。不要在孩子的同学面前当众批评或嘲笑孩子，否则会让孩子怀恨在心，大大伤害孩子的自尊心。

（8）不要过分夸奖孩子。孩子做事取得了成绩，只要稍微赞扬一下即可，过分夸奖会使孩子沾染上沽名钓誉的不良心理。另外，赞许孩子时候要有一定的针对性，让孩子知道自己的优点。

（9）不要对孩子喜怒无常。和孩子相处时如果家长的情绪总是不稳定，喜怒无常，孩子就会感到无所适从，就会变得敏感多疑、情绪不稳、胆小畏缩。

（10）在孩子遇到问题时不要袖手旁观。要帮助孩子对目前的问题进行分析，将分析问题、解决问题的方法教给孩子；要帮助孩子解决问题，但不要代替他们解决问题。

成功的家庭教育其实就是那么简单

教育的简单是一种战略的简单，这种简单是智慧的结晶，更是智慧的升华，是教育理论的完美再现！

一次，美国一家园艺公司在报纸上刊登了一则启事，重金征求纯白金盏花。一时间，应征者纷至沓来。自然界中的金盏花不是金色的就是棕色的，人们从来都没有见过白色的，很快人们就知难而退，那则启事也就逐渐被人遗忘了。

20 年后，园艺公司获得了长足的发展，这天他们收到了一封热情洋溢的应征信，还附了一粒种子，纯白金盏花"出世"了！信息迅速传开，在当地引起了轰动，新闻界采访了那位应征者。

她是一位年过古稀的老妇，20 年前当她看到报纸上的启事时，不顾八个子女的反对，独自培育起了梦想中的纯白金盏花。开始的时候，她播下一些最普通的种子，在金盏花盛开的时节，挑选了一朵颜色最淡的花，任其自然枯萎脱落，获取了成熟的种子。

第二年，把种子播到地里，等到它开花的时候，她又挑选了一朵颜色最淡的花……她不停地播种、收获，如此往复了 20 年，她的经历让所有见过的人都惊得目瞪口呆。她不是遗传学的专家，却攻克了连专家都望而却步的难题，培育出了美丽绝伦的纯白金盏花。

什么是奇迹？坚持正确的方法，一点一滴地积累，把简单的事情做到极致。

教育的简单更是一种战术的简单，这种简单是实战的成果，更是实战的升华，是教育实战的成功体验。

有一次我去西北出差，在火车上和一位农民聊天，他告诉我说："我两个儿子都考上了重点大学。"我问他："你教育孩子有什么绝招？"他说："其实也没什么绝招，我只不过是让孩子教我罢了。"

原来，农民小时候家里很穷，没上过学，无法辅导孩子学习，但他又不能由着孩子的性子来，于是就想出了一个办法——每天放学回家后，他就让孩子把老师上课所讲的内容给自己讲一遍，然后他和孩子一起做作业。遇到不懂的问题，就问孩子；如果孩子也搞不懂，就让孩子第二天去问老师。

孩子既当学生又当"老师"，学习劲头甭提多大了。即使是其他同学都在外面玩得热火朝天，他的孩子也不为所动。这样，孩子的学习成绩从小学到高中一路领先，并顺利考上了重点大学。

其实，这位农民的"家教"很简单——"我只是让孩子教我罢了"，但关键是他"用心"去做了，并且坚持了下来，发挥出了神

奇的力量。

今天，很多家长的文化水平都很高，甚至有些人还是家教方面的专家，可是却"三天打鱼，两天晒网"，结果事与愿违。

简单是一种睿智，一种艺术，一道亮丽的风景线。教育需要简单化，简单会让教育更简洁，简单会让教育更有效！

可是，这种简单并不是一般的简单而是简单的升华，只有当你拥有并实践了正确的思维、积极的引导之后，才能成为成功的父母！

成功的父母是学出来的！

溺爱孩子的十类可怕后果

天底下没有不爱孩子的父母，但过分的爱、不正确的爱就变成了溺爱，溺爱的后果是十分可怕的。以下是溺爱孩子的十类可怕后果：

1. 特殊待遇——造就自私的孩子

今天，绝大多数的孩子都是独生子女，孩子在家庭中的地位高人一等，处处受到特殊照顾，比如，吃"独食"，好的食品放在他面前供他一人享用；做"独生"，爷爷奶奶可以不过生日，孩子过生日得买大蛋糕，送礼物……这样，会让孩子自感特殊，习惯于高人一等，必然会变得自私，没有同情心，不会关心他人。

2. 过分注意——孩子会以自我为中心

一家人时刻都关照孩子，陪伴他。逢年过节的时候，亲戚朋友来了往往嬉笑逗引个没完没了，大人坐一圈会把孩子围在中心，一再欢迎孩子表演节目，掌声不断。孩子会自认为自己是中心，逐渐变成"小太阳"。

3. 轻易满足——孩子不会懂得珍惜

有些父母，孩子要什么就给什么，给孩子很多零花钱。这样做，会让孩子养成不珍惜物品、讲究物质享受、浪费金钱和不体贴他人的坏性格，缺乏忍耐力和吃苦精神。

4. 生活懒散——孩子容易缺乏上进心

孩子饮食起居、玩耍、学习没有时间规律，想怎样就怎样，想

几点起床就几点起床，睡懒觉，不按时吃饭，晚上看电视到深夜等。这样的孩子长大后就会缺乏上进心、好奇心，做人得过且过，做事心猿意马、有始无终。

5. 祈求央告——孩子不能明辨是非

有些家长在让孩子做事情的时候，喜欢祈求央告，比如，一边哄一边求孩子吃饭、睡觉，答应给孩子讲 3 个故事才把饭吃完。其实，孩子的心理是，你越央求他，他就越扭捏作态。这样做，孩子不但不能明辨是非，还会缺少责任心，而且教育的威信也会丧失殆尽。

6. 包办代替——孩子不勤劳

我曾问一些妈妈，要不要求孩子劳动，有些家长竟然说："疼都来不及，怎么忍心让孩子劳动？"有的家长则说："叫'小东西'做事更麻烦，还不如我帮他做呢。"所以，孩子到了三四岁还要家长喂饭，还不会穿衣服；到了五六岁，还不会做任何家务事，不懂得帮助父母减轻负担……这样包办下去，必然会失去一个勤劳、善良、富有同情心、能干、上进的孩子。

7. 大惊小怪——孩子变得懦弱无能

俗语说得好，"初生牛犊不怕虎"，孩子天生就不怕水，不怕黑，不怕摔跤，不怕病痛；摔跤以后往往会自己不声不响地爬起来继续玩。那为什么有的孩子以后会变得胆小爱哭了呢？往往是由父母和祖父母造成的，孩子生病的时候有些家长会表现惊慌失措，结果孩子不让父母离开一步，这就给孩子打下了懦弱的烙印。

8. 剥夺独立——孩子会变得胆小无能

为了绝对安全，有些父母既不让孩子走出家门，也不许孩子和别的小朋友玩。更有甚者，有的孩子简直成了家长的"小尾巴"，时刻不能离开父母或老人一步，搂抱着睡，依偎着坐，驮在背上走。长此下去，孩子会变得胆小无能，缺乏自信，依赖心理强，还往往会成为"把门虎"，在家里横行霸道，到外面胆小如鼠，造成严重的性格缺陷。

9. 害怕哭闹——孩子会变得很无情

有些家长过于迁就孩子，孩子在不顺心时就会以哭闹、睡地、不吃饭来要挟父母。父母爱子心切，只好哄骗、投降、依从、迁就。害怕孩子哭闹的父母是无能的，如果孩子打骂爸妈，就会变成无情的逆子，在他们的性格中就会播下自私、无情、任性和缺乏自制力的种子。

10. 当面袒护——孩子扭曲性格

在今天的家庭中，有时爸爸管孩子，妈妈会护着："不要太严了，他还小呢。"有时父母教育孩子的时候，奶奶又会站出来说："你们不能要求太高，他长大了自然会好；你们小的时候，还远远没有他好呢！"这样，会让孩子缺少是非观念，由于有"保护伞"和"避难所"，不仅会扭曲孩子的性格，有时还会造成家庭不睦。所以，如何爱孩子是我们每个家长需要思考的问题。

为何事业成功的父母却教不好孩子

这天,一个朋友找到了我。他是一家大公司的老板,来时满脸的愁容,我问他:"怎么了?"他说:"我最近感到烦透了!我通过自己的不懈努力,公司的资本在几年内如雪球一样越滚越大,现在已经挤进了该行业的前十名,这你是知道的。可是,事业是成功了,但对孩子的教育却越来越失败。将来我想让儿子接替我,因此,我对在上五年级的儿子要求很高。孩子稍有不听话,我就用高压政策,有时还动用拳头。但孩子不吃这一套,有时还故意不上学在外面玩。这一招不灵,我就用怀柔策略,答应只要好好上学读书,要什么就给什么。但孩子常常以此来要挟我。现在,硬招与软招都试过了,还是不行,孩子的成绩越来越差,不良的习性也越来越多。我在公司可以呼风唤雨,能将这么多人有条不紊地管理好,为什么在自己的孩子面前却束手无策了呢?你说,我该怎么办?"

父母事业成功有利有弊!

电视剧《贞观长歌》中,第一任太子李承乾给观众留下了深刻的印象。他胆小懦弱,成事不足,败事有余,最终成为了权力斗争的牺牲品。很多观众看了剧情不禁感到疑惑:李世民是个英明、成功的"虎父",怎么会培养出如此无能的"犬子"?即使是第二任太子李治，即唐高宗，也是性格软弱，直接把江山拱手让给了武则天。

为什么事业成功的父母教育不出优秀的孩子？其实，这个问题是不成立的。父母的事业成功，并不意味着一定会"一代不如一代"。主要还是看家庭教育和父母对子女的要求。

"太子"的身份既能带来益处，又能带来弊端。所谓益处，父母可以成为孩子的典范，让他明白如何才能获得成功，孩子也就有了模仿和学习的榜样。对孩子来讲，父母都是成功者，一直都生活在自己身边，从心理上他们就不会认为成功遥不可及，有利于增强他们的自信。现实中也不乏成功之例，如李嘉诚、李泽楷父子等。

而弊端往往来自父母对孩子的要求和环境的影响。如果父母是成功者，孩子就可能会被众星捧月般捧得过高；有些孩子还可能会受到很多不正常、不自然的约束；同时，成功的父母一般对孩子有着很高的期望，要求更是严苛……所有这一切，都会让孩子感受到一种超出正常范围的压力。时间长了，孩子就会觉得越来越累，人格也可能会出现问题。

在《贞观长歌》中，李承乾完全印证了这些弊端的存在：他被捧得很高，一人之下，万人之上；他的一举一动都要合乎"太子"规范；李世民派了好几位"严师"教导；再加上兄弟在旁边虎视眈眈地图谋夺位……在李承乾的肩上无疑压了好几座"大山"。这种压力正是导致他性格走向极端的原因。

此外，有些成功者过分溺爱自己的孩子。含着"金汤匙"出生的孩子没有经历"白手起家"的辛劳，从小娇生惯养，无疑会对他们的人格发展带来不利的影响。因此，在孩子的成长过程中要想打

破"虎父生犬子"魔咒的关键，就要扩大益处，缩减弊端。

1. 成功父母更需关注孩子

有时候，孩子会做出一些偏离常规的行为。这是一种信号，父母要引起注意。孩子之所以会这样做，主要是渴望被关注，希望重新得到爱，或者表达对父母的愤怒与反抗。

如果父母中有一方太过强势，为了维护这种平衡，必定会出现一个或两个弱者。也就是说，在社会上强势的父母很容易将这种人际交往的模式原封不动地搬到家中，只要自己发话，孩子必须服从。

而且，事业成功的父母，他们承担的压力与责任也很大，因此他们会将更多的精力放在工作上，没有时间照顾孩子，如果孩子出现了问题，他们大多采取一些简单、粗暴的方式，希望在一顿怒火与责骂之下，孩子会神奇般地变好了。可是，这只是他们一厢情愿而已。

再成功的父母，回家后也要忘掉这一切，在家里每一个家庭成员都是平等的，要平等地对待孩子，像一个无话不谈的知心朋友一样，给孩子更多的关爱、信任与尊重，平等地与孩子交换意见。

一旦孩子成为家庭的弱者，孩子自身成长的能量就会被削弱，就会对自己失去信心；而且，父母取得的成就对于孩子来说，本身就是一个很大的压力，如果父母对他们提出了更高的期望，他们不可避免就会有这样的担心："太高的苹果如何够得着？"

有些父母在自己情绪不好时，会将孩子当成替罪羊，对他们大吼大叫，孩子会变得更加懦弱自责，在潜意识里他们会得到这样一个答案："都是我不好，是我让父母生气，我真不是个好孩子。"他们不仅会感到内疚，还会在心里积聚大量的愤怒能量。

于是，局势可能会发生两种转变：一种是强者越强，弱者越弱。父母不肯承认自己的无能，继续用无效的打骂方式对待孩子，导致亲子关系更加恶化。另一种是强势的父母变成弱者，向孩子承诺："只要你去上学，什么都答应你。"这样会让孩子找到父母的软肋，他就可以用"上学"这个武器来控制父母。再演变下去，就是持久战了。如果父母在这段时间依然没有醒悟，没有意识到孩子内心真正的需求，矛盾不仅会愈演愈烈，而且会让双方都失去信心与耐心。当家庭"世界大战"再次爆发时，就会对双方造成无以复加的伤害。

孩子如果出现了问题，仅仅是家庭系统出现了问题，一定要重塑信任与尊重。不管是对于父母，还是对于孩子来说，都是一个全新的课程。虽然在这期间也会存在一定的风险，但正因为存在着变化，才能让亲子关系最终走出僵局，才能让孩子走出困境。

2. 成功父母更应该关爱孩子

要想真正培育出"虎子"，继承自己的衣钵，事业成功的父母更应该关爱自己的孩子。在童年期，孩子最需要的是父母的关爱，如果父母能给孩子创造一个温暖、和善、关爱的成长环境，孩子就更容易相信和接受亲人，并向亲人学习。

到了青春期，父母更要和孩子多交流，要像朋友一样和孩子相处，这样不仅有利于孩子形成健康的人格，还能让孩子在交流之中

感受到父母的成功之处，让他们更积极、乐观地成长。反之，如果青春期的孩子感受到的是冷漠、敌意、压制，为了发泄心中的不满和愤怒，可能会出现一些与外界对抗的行为，很可能会和父母对着干。

3. 鼓励孩子主动与父母交流

现代社会中，如果事业成功的父母确实工作很忙，无暇顾及孩子，应该怎样做呢？这时父母要鼓励孩子主动跟自己交流，并在交流中让孩子全面了解自己，向自己学习。

父母都不会故意冷落孩子，也不会拒绝孩子的提问。不仅要让孩子向父母学习"工作办事"的能力，还应该让孩子学习父母如何"做人"，这更有利于孩子日后性格与人格的自我完善。

 养成寄语

☆孩子就是我们生命的全部，我们的一切！培育一个孩子成功了，就是100%的成功！培育一个孩子失败了，就是100%的失败！

☆习惯是一种顽强的力量，可以主宰你的人生，可以决定你的命运。

☆人的一生会在不同的学校读书、会在不同的单位工作，会遇到不同的老师、同学、朋友、同事，但这些都是随机的、可以选择的。只有父母是无法选择的，也是对孩子影响最大的。

☆在奉献和给予中，孩子也能体会到快乐、享受到成功的喜悦，实现自己作为一个社会人的价值。这对孩子的健康成长是非常重要的。

☆父母要与时俱进，不断地学习新的教育思想，接受新的教育理念，让孩子有个健康的心理。

☆简单是一种睿智，一种艺术，一道亮丽的风景，教育需要简单化，简单会让教育更简洁，简单会让教育更有效！

☆含着"金汤匙"出生的孩子没有经历"白手起家"的辛劳，从小娇生惯养，无疑会对他们的人格发展带来不利的影响。

秘诀2　高效的激励

　　教育的秘诀是爱：一句鼓励的话可以拯救一个人的自信、尊严和灵魂，甚至可以拯救孩子背后的一个大世界。所以，我们倡导"赏识教育"。但只要措施得当，惩罚也是一种施爱的教育方式，它和所有教育一样，都是以父母的爱为基点的，只不过惩罚是一种施用特殊手段的施爱教育罢了。

需要的才是最愿意做的

有这样一个有趣的故事：

两个朋友在河边散步，其中一位脚一滑整个身子掉进了河里，头朝下，脚朝上。一只鞋子掉在了河边的草丛里，光着的脚正好露在水面上。朋友看到这个情景，急忙跑到草丛中找出那只鞋，扔给了水中的朋友。

这个故事真是有点啼笑皆非，我们不禁要问：鞋子是掉进河里的人最大的需求吗？显然不是！这时，一根救命的绳子或伸出援助的手才是他最大的需求。

让孩子做自己喜好的事情，不让孩子做父母喜好的事情。

了解需要是成功激励的第一步！因为所有激励理论都有一个共同的着力点：针对需求进行激励。所以，卡内基才会说："我唯一能

使你做任何事的方式，是给你所想要的。"可是，看看孩子的父母又在做些什么呢。

让孩子弹琴、画画、唱歌、跳舞……孩子奔跑于各种各样的兴趣班，不管孩子有没有天赋，不管孩子喜不喜欢；英语、数学、物理……为孩子报上各种各样的补习课程，不管孩子愿不愿意，也不管孩子有没有休息或娱乐的时间，星期天补、假期补；看到会计吃香，就让孩子学会计；看到英语吃香，就让孩子学英语；看到电子商务吃香，就让孩子报考电子商务专业……很少有父母会征求孩子的想法，很少有孩子会自己做出选择。今天，绝大多数的父母都只顾自己的喜好，都在不自觉中把自己的需要强加到了孩子身上，根本不考虑孩子的想法，也根本不考虑孩子的需求。

苏联著名教育学家霍姆林斯基说："人的内心里有一种根深蒂固的需要——总想感到自己是发现者、讲究者、探寻者。在儿童的精神世界中，这种需求是特别强烈的。"孩子出生之后，获得各种知识，掌握各种技能，靠的就是梦想、好奇、兴趣和随之而来的求知欲。当孩子做他自己喜欢的事情时，就会无比地自觉、积极、专注、不怕困难、不怕挫折。而且，这时的孩子是充满自信、充满享受和充满快乐的。家长在教育孩子的过程中，一定要注意以下几点：

1. 不要折断孩子梦想的翅膀

人类之所以能不断地有各种发明、创造，社会之所以能够不断地进步，都得益于梦想的存在。对孩子来讲，他们的梦想可能就是他们的理想，就是他们一生都为之奋斗的目标。虽然孩子的梦想有时很离奇，有些甚至是不可能实现的，可是如果父母站在成人角度来否定孩子的梦想，会使孩子的好奇心、想象力、创造力受到抑制，也会使孩子失去努力的目标。

不仅如此，父母对孩子梦想的否定与嘲笑，还会伤害孩子的自尊心、自信心和积极性，从而影响孩子的各种能力的发挥，这样他们就会时常否定自己，做事情的时候就会畏首畏尾、瞻前顾后。而且，父母的否定还会把现实的、功利的心理带给孩子，使孩子的心理成人化，失去孩子应有的天真、单纯，对孩子的心理产生负面影响。

父母要鼓励孩子有梦想，使孩子乐于探索、思考、学习，勇于通过自己的努力争取成功，对未来充满希望。即使孩子的想法很奇特，或者根本就不符合科学原理，也不要急于告诉他"这不现实、不科学"，要通过适当的引导，让孩子通过自己的探究、实践来搞清楚，这个过程其实也是一个学习的过程。

2. 不要浇灭孩子激情的火焰

当一个人满怀激情的时候，就会有一种振奋的感觉。英国人狄斯雷利说："机遇不创造人，是人创造机遇，人生缺乏激情，将永远无法追逐梦想。"美好的生活需要追求来支撑，真正的人生需要有激情来做伴。对于孩子来说，"热情的驱动力"特别重要！

被热情驱动和被压力驱动会产生完全不一样的结果：前者会让孩子有一个目标的明确，后者则会让孩子感到无所适从；拥有热情的孩子即使再累也会觉得快乐，在巨大的压力下孩子即使轻松也不会感到快乐。

机遇不造人，是人创造机遇，人生缺乏激情，将永远无法追逐梦想。

——狄斯雷利

激情是人最本原的动力，不仅不要浇灭孩子激情的火焰，更要点燃、激发孩子激情的火焰。

3. 不要制止孩子的兴趣爱好

如果父母制止孩子的兴趣爱好，把自己的意志强加给孩子，孩子不是出于真正的喜欢，兴趣和爱好就失去了它们应有的意义。过分抑制孩子，会使孩子渐渐对什么都不感兴趣，变得空虚、无聊，影响孩子性格的发展。

如果父母把功利心和不正确的价值观带到孩子的兴趣爱好中，或使孩子觉得他所做的事情并不是出于自己的意愿，而是为父母才做，孩子就会失去热情和积极性，甚至会出现逆反行为；如果父母对孩子过分干预和对某些职业进行否定性描述，会使孩子对自己的爱好产生片面的认识，认为自己没眼光、没有本事，从而否定自己对事物的判断力，变得不自信。

孩子有选择自己兴趣爱好的权利，当发现孩子对某一事物表现出极大的兴趣和热诚的时候，可以多鼓励孩子，即使你觉得孩子的兴趣对未来的发展"毫无意义"，也不要抑制。

让孩子100%执行

这里有一个著名的强化理论，如下图所示：

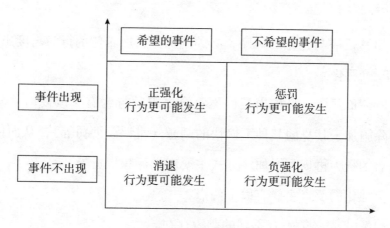

四种强化方式示意图

所谓强化，是指随着人的行为之后所发生的某种结果，会使以后这种行为发生的可能性增大。这里会出现两种结果：一种是那些能产生积极或令人满意结果的行为，以后会经常得到重复，即得到强化；另一种则相反，即那些产生消极或令人不快结果的行为，以后重新产生的可能性很小，即没有得到强化。

简而言之，一个人的行为是塑造出来的。塑造行为的时候，可以通过以下四种方式进行强化：正强化、负强化、消退、惩罚。

1. 正强化

所谓正强化，是指用某种有吸引力的事件对某种行为进行奖励

59

和肯定，使其重复出现和得到加强。方式主要有奖励、认可、赞美、提升。

正强化的要点主要有以下三点：

（1）强化物要恰当，是其想要的。

（2）强化要有明确的目的性和针对性，必须在所希望的行为出现时实施。

（3）反应与强化的顺序，必须确保激发所希望的行为再度出现。

2. 负强化

所谓负强化，是指当某件不符合要求的行为有了改变时，减少或消除施加于其身的某种不愉快的刺激（批评、惩罚等），从而使其改变后的行为再现和增加。方式主要有批评和指责等。

负强化的要点主要有以下两点：

（1）事先必须确有不利的刺激存在。

（2）通过去除不利刺激来鼓励某一有利行为，要待这一行为出现时再去除方能奏效，以便受强化者明确行为与后果的联结关系。

3. 消退

消退其实就是不予强化，不强化就会自然消退。

消退主要有以下两种情况：

（1）情况一：对某种行为不予理睬，表示对该行为的轻视或否定，使其自然消退。

（2）情况二：对原来用正强化建立起来的好的行为，由于疏忽或情况改变，不再给予正强化，使其出现的可能性下降，最终完全消失。对此，家长应注意，对孩子积极行为的不认可、不鼓励，本身就是不表态的表态，就是意味着使积极行为消退。

4. 惩罚

惩罚就是用强制、威胁性的结果，来创造一个令人不愉快的、痛苦的环境，或取消现有的令人满意的条件，以示对某一不符合要求的行为的否定，从而消除这种行为重复发生的可能性。

强化理论在孩子的教育中随处可见，以下为其具体的应用：

（1）孩子做得好时：应该予以正强化，促使好的行为重复出现；不应该消退，对好的行为视而不见，会使好的行为消失；不应该受到惩罚，但却受到惩罚，好的行为将不再发生，甚至变成截然相反的报复性行为。

（2）孩子做得不好时：不应该予以正强化，如果奖励不好的行为，不好的行为将会得到强化，从而重复出现；应该予以惩罚，虽然惩罚是最后的、补充性的，但是一定要有惩罚，而且惩罚要坚决，因为对坏的行为不惩罚就是纵容。

赏识你的孩子

曾经看到过这样一则小故事——小洲的委屈。故事的大概内容是这样的：

> 最近几天，5 岁的小洲从幼儿园回到家后经常会耷拉着脑袋，一副无精打采的样子。妈妈感到很奇怪，问他到底发生了什么事。小洲告诉妈妈："老师不再像原来那样表扬我了，她经常表扬别的小朋友。"
>
> 原来是这样！小洲一向聪明伶俐，活泼好学，深得老师们的喜爱。"经常被老师表扬的孩子，内心总是渴望一直得到老师的赞扬。"妈妈心里这样想。正当妈妈准备劝慰小洲时，小洲却接着说："不表扬我，就是批评我！老师批评我了……"
>
> 妈妈感到一脸迷惑，说："这怎么就是老师批评你呢？老师不可能每次都表扬你啊。"但是，不管妈妈怎么苦口婆心地开导他，小洲还是放不下，觉得受了很大的委屈……

弗洛伊德曾说：人类本质最殷切的需求是渴望受到肯定与赞美，它是一种魔术香精，能够散发出难以想象的感染力。恰到好处的赞美，是夏天中的一缕清风，是送人的一束玫瑰，是投石于水中而荡起的涟漪，是抛砖能引来的玉。的确，每个人都喜欢被赞美。

我曾在学生中做过一个实验，让学生体验自己的感受。

　　我将每 8~10 个学生编为一组，一个学生站起来，组内其他人对他说些真诚的赞美之言，每个人都被小组成员赞美一次。

　　活动完后，让大家自由发表看法，被赞美的感受和心情。

　　学生 1：很开心，他们说我篮球玩得好棒。没想到自己会有这么多优点。

　　学生 2：很高兴，同学夸我大方、开朗、讲义气。

　　学生 3：很开心，他们说我做清洁很认真，学习有进步。

　　……

　　每个人都生活在自己的世界里，也生活在别人的眼光里，既需要自我欣赏，更离不开别人的赏识。

　　的确，赞美会让人感到舒服、开心，更能给人以信心和勇气。

　　美国通用电气公司董事长杰克·韦尔奇小时候口吃，深感自卑，不管在什么场合，他总是将双唇闭得紧紧的，甚至害怕与人交往。

　　一天，韦尔奇和同学去餐厅吃饭。他点了一份金枪鱼三明治，没想到服务员却给他端来两份。他感到很奇怪，问："我只点了一份，你怎么给我上两份？"服务员解释说："我明明听到你点了两份。"原来，韦尔奇在说金枪鱼三明治的时候因为紧张而说成了两份。韦尔奇感到很尴尬，委屈的泪水在眼眶里打转。

回到家后，韦尔奇向母亲哭诉了自己的遭遇，母亲拍拍他的小脑袋，说："孩子，那是因为你太聪明了，所以你的嘴巴无法跟上你聪明的脑袋。"韦尔奇破涕为笑，不再自卑了。后来他发奋学习，45 岁那年成为美国通用电气公司历史上最年轻的董事长和首席执行官。他在自传中说："那是我听到过的最美妙的一句话。"

无独有偶！

卡内基小时候是一个公认的坏孩子，喜欢搞破坏，经常会惹是生非。在他 9 岁的时候，父亲把继母娶进了家门，父亲向继母介绍卡内基时说："亲爱的，这是全郡最坏的男孩，你要多加注意，他可让我头疼死了。"

继母亲切地托起卡内基的下巴，微笑着对丈夫说："你错了，他不是最坏的孩子，而是最聪明但还没有找到发泄热忱地方的孩子。"

继母的话让卡内基心里热乎乎的，眼泪几乎滚落下来。就是凭着这一句话，他和继母建立起了友谊。也就是这一句话，成为激励他的动力，使他成为 20 世纪最有影响力的人物之一。

当一个人受到批评、责备时，是一个危险时刻。

——卡内基

这样的例子还有很多，在我们身边随处可见：

有个女孩非常喜欢足球，但考了许多次都没有被足球队录取。按照身体条件，她真的不是很优秀。但是，体校教练总是鼓励她"下次肯定能成功"。后来，她终于进入了足球队。多年后，她成为中国女子足球队的队长，这个人就是孙雯。

一个女孩身材非常矮小，非常喜欢乒乓球。父亲对她说："你很优秀，真的。"后来，她成了乒乓球国手，她的名字叫邓亚萍。

在这里，我们并不是说这些人的成功就是因为那几句温馨的话，但是他们却对那些话至今记忆犹新。在教育孩子的过程中，不要吝啬对孩子的鼓励，一句鼓励的话不仅可以救起一个人的自信、尊严和灵魂，也可以救起孩子背后的一个大世界。

每个孩子都喜欢被赞美，赞美的力量是无穷的，但赞美并不是简单地说好听的话，赞美是一种艺术。

我在学生中还做过这样一个实验：

活动方式：分组选择情景内容；分组讨论赞美的话；各组代表说出自己小组的赞美话语；评出最好的赞美话；通过评选，大家一起总结赞美的话怎样才让听者接受、开心。

学生1：赞美要真诚，发自内心。

卡内基人际沟通的三不原则：
不批评、不责备、不抱怨。

学生2：想说就说，自然地赞美。

学生3：注意观察，用词得当，注意分寸。

学生4：挖掘他人的优点。

学生5：赞美他的努力。

学生6：回顾成功的过程。

……

不可否认，赞美是一种美德，它会使人宽慰，使人快乐；赞美更能给人信心、勇气，是激励孩子的最好方法。

赞美不是虚伪，不是恭维，而是发自内心地对孩子的欣赏和鼓励；它不需要华丽的辞藻，也不需要复杂的表达；赞美是及时的，任何细小的成绩和进步都可以给予赞美；赞美是最廉价的激励，千万不要吝啬对孩子的赞美之词。只要它是发自你的肺腑，它就会打动人心，给孩子带来莫大的惊喜。

许多父母经常会把赏识与赞扬等同起来，以为赏识孩子就是告诉孩子"你真棒"。其实，赏识教育远远不是说一句"你真棒"这么简单。赏识首先是一种心态，一种欣赏孩子的心态；而赞扬只是赏识的一种手段而已，只有把赏识的心态融入赞扬之中，孩子才会真正感受到赏识的力量。

〰〰〰〰〰〰

数子十过，

不如赞子一长。

〰〰〰〰〰〰

赏识教育专家周弘曾经说过："无论什么人，受激励而改过，是很容易的；受责骂而改过，却是不大容易的。而小孩子尤其喜欢听好话，而不喜欢听恶言。如果家长总是用消极的办法来对待孩子，其结果，小孩子改过的少，而怨恨父母的多，即使不怨恨父母，至少也会有一点不喜欢父母了。"在孩子遇到问题时，少些责骂，多些激励，亲子关系自然就会融洽很多！

赏识孩子，就要尊重和信任孩子。赏识教育是建立在对生命本质的爱和尊重的基础上的，父母要尊重孩子、信任孩子。只有放弃对分数、名次等功利指标的执着追求，才能真正赏识孩子的点滴进步，才能发现孩子身上无数的闪光点，赏识才可以无处不在。

赏识如细雨，润物于无声！

适度的惩罚

对于打屁股惩罚孩子的场景，几乎每个家长都历历在目。作为孩子，被自己的父母打过；作为家长，打过自己的孩子。可是随着赏识教育、无批评式教育等教育理念的逐渐升温，社会舆论也在大声疾呼：教育要"以人为本、敬畏生命、善待孩子"，并反对一切惩戒性教育行为，似乎一批评就伤害了孩子，一惩戒就违背了教育规律，"惩戒"二字成了教育中不可触及的"高压线"。

其实，教育中适时、适当的惩罚是非常必要的！正如一些专家、学者所说的那样：没有惩罚的教育是一种不完整的教育，是一种脆弱的、不负责任的教育。

斯金纳的行为学习理论告诉我们：行为会随着其后的结果而发生变化！愉快的结果加强行为，不愉快的结果减弱行为；愉快的结果是一种强化物，不愉快的结果是一种惩罚物。由此可见，赏识、表扬与惩罚、批评是利用这一原理针对不同的教育情景而采取的不同的教育方式。

惩罚就是通过对孩子施以"惩罚物"，减少其不良行为的一种强制性纠正，使错误的行为得以遏制。对孩子的理解、关心、等待、诱导、鼓励、感化等，是一种柔性教育方式，而惩罚、禁令、训诫、喝止、叱斥等，则是一种硬性教育方式。

柔性教育与硬性教育相辅相成，它们因人而异，都具有一定的、积极的教育效能，缺一不可。就像医生用药一样，要对症下药，要根据患者病情选择温性缓和药和烈性速效药。

从一个人的成长历程来看，没有接受过批评、惩罚和磨难的教育是绝对不行的！著名教育家玛莉琳·古特曼说过："那些小时候过多地受到师长表扬的孩子，在他们步入生活后很可能会遭受到更多的失望。"人非圣贤，孰能无过？对犯错的孩子予以适当的惩罚，能够培养他们敢于担当、勇于负责的品质，而这正是现代人必须具备的品质。

如果一个人在幼年的时候一帆风顺，从来都没有接受过批评和挫折，那他将来是很难独自应对人生道路上的风浪与坎坷的。如果孩子犯了错误，就要让他们勇敢地去面对，包括接受必要的惩罚和批评，唯有如此才能让他们在心灵深处思索自己的是与非、对与错，才能收到"吃一堑，长一智"的教育效果，真正做到"前车之辙，后车之鉴"。这些，对于孩子的成长来说，是一笔宝贵的财富，是学不来的，只能让他们自己积累。

适当的惩罚，不仅能使孩子增强责任感，磨炼孩子坚强的意志品质，还能铸就孩子完善的人格，增强孩子的耐挫力。

但是需要说明的是，教育惩罚和体罚是两个不同层次上的概念，两者不能画等号。教育惩罚是纠正孩子问题行为的一种手段，惩罚能引起羞愧、痛苦、焦虑、畏惧和悔恨，从而使孩子分清是非善恶，并通过意志来纠正不良行为习惯。

根据实施强度不同，惩罚可以分为教育性惩罚和强迫性惩罚。教育性惩罚以批评、劝诫等为主；强迫性惩罚是施以强迫性力量对

其进行的惩罚。在这里我们提倡的是教育性惩罚，在迫不得已时才实施强迫性惩罚，尽可能不用强迫性惩罚。

惩罚教育是一把双刃剑，用好了，它会起到一定的激励作用，可以改变孩子的人生，让孩子终生受益；用得不好，则会伤及孩子的自尊心，让孩子意志消沉，一蹶不振，产生"破罐子破摔"的心态，以致贻误人生。那么，如何才能使孩子在惩罚中获得进步和提高呢？要掌握好以下几个原则：

1. 最后性原则

孩子犯错误之后，家长一般都会尽可能地使用说服、引导的方式，进行柔性教育。可是，如果孩子在多次进行柔性教育后仍没有悔改的表现，反而有加剧趋势，这时就必须启用惩罚手段了。惩罚应该在对孩子进行多次反复柔性教育无效时才启用。

2. 及时性原则

心理学研究表明：当人犯错时，其内心就会自然产生一种准备接受惩罚的心态——"我不对，我甘愿受罚"。当人产生这种心态时，往往是实施惩罚教育的最好时机，此时明白的道理往往会让孩子刻骨铭心，终生难忘。所以，对孩子实施惩罚，一定要及时，要在第一时间作出。延时惩罚，秋后算账，会使孩子不能深刻地认识到问题的严重性，甚至会产生逆反心理。

惩罚不是终结，惩罚之后，要及时教育，要从正面帮助孩子，使孩子消除悲观情绪，认识到为什么要惩罚；同时，要设法抚慰孩子，真正让孩子感受到"打是疼"的感受。

3. 适度性原则

对孩子的惩罚，要因人而异，要根据具体问题而确定，不能太轻，也不能太重。太轻，孩子感觉无所谓，就会无动于衷，起不到震慑作用；太重，容易伤害孩子的自尊心，让孩子产生自卑心理，就会出现破罐破摔现象，产生负面影响，这样就无法挽回了。

4. 可接受性原则

孩子都很脆弱，即使犯了错误，也只是一时误入歧途。因此，惩罚的时候要应以他们可接受为准，敲到痛处即可，千万不要伤害他们的身体，否则会适得其反。

~~~~~~

让惩罚转个弯，让教育意图更巧妙地隐藏起来，让孩子不由自主地接受家长的教育！

~~~~~~

5. 尊重性原则

惩罚是一种教育，一定要尊重孩子的人格，不要讽刺、嘲笑孩子，否则会伤害孩子的自尊心，轻者产生逆反情绪，反抗父母，自暴自弃；重者，会对其造成终生难以弥补的伤害。因此，在惩罚的语言行为上，要慎之又慎，点到为止，切不可失态。

在家庭教育中，家长之所以要对孩子进行惩罚，主要是为了让犯有严重过失的孩子震惊猛醒、悔过自新。聪明的父母一般都会针对不同的时间、场合、犯错的程度以及孩子的个性特点等，机智灵活地选择不同的惩罚方式，并努力将惩罚的副作用降到最低限度。

高明的惩罚，有时可能表现为风刀霜剑，有时也会是极富人情味的。

教育学家魏书生在"惩罚教育"方面做了很多尝试，这里介绍几例以供借鉴：

- 惩罚唱一首歌。

- 惩罚做一件家务。

- 惩罚写说明书。这种说明书不同于一般的检讨书，是用心理描写的方法，描写犯错前、犯错中、犯错后的心理。

- 惩罚写心理病历。写出疾病名称、发病时间、发病原因、治疗方法、几个疗程。这种方式对于有较深思想根源的错误，有利于站在客观、公正的角度，冷静地选择改正错误。

- 罚其喊口号。更能调动孩子的积极性。

苏霍姆林斯基说，教育家的意图越隐蔽，就越容易转化为教育对象的内心需求。教育的秘诀是爱，只要方法得当，惩罚也是一种施爱的教育方式。它和所有教育一样，都是以父母的爱为基点的，只不过惩罚是一种施用特殊手段的施爱教育罢了。

适当的金钱激励

小米是一个正在上五年级的学生，一天她问爸爸："爸爸，下个月有个同学过生日，邀请我参加，我准备给她送个生日礼物，可我买礼物的钱不够，你能给我点儿钱吗？"

这位父亲从来都不会无缘无故地给女儿零花钱，女儿所有的零花钱都是她自己挣的。于是，爸爸说："可以呀，不过得靠你自己挣！"

"好的，怎么挣？"女儿急切地问道。

一直以来，爸爸都在为女儿不能准时睡觉和准时上学的小毛病犯难，这回总算找到激励她改正的机会了，于是立刻对女儿说："每天晚上九点准时睡觉、早上六点半准时出发去上学，就可以获得1元的奖励。"

永远不要忽视金钱的作用！

女儿算了算，兴奋地说："好的，这样用不了一个月我就可以挣够给同学买生日礼物的钱了！"

果然，在接下来的日子里，再也不用爸爸每天反复地、大声地提醒了，女儿都能准时睡觉、准时上学，当然她也每天如

愿以偿地得到了她的1元奖励。一个月后，她给同学精心挑选了生日礼物。最让这位爸爸高兴的是，一个月后，奖励取消了，女儿的好习惯也养成了。

"永远不要忽视金钱的作用！"这是我在《成功经理人的十大法则》一书的激励理论中所说的一句话，在孩子的激励教育中同样也起到了很大的作用。

其实，孩子对金钱的兴趣是与生俱来的。金钱和生活有着密切的关系，作为流通工具，金钱充斥于社会的每个角落，孩子从有意识起就在这样的氛围里成长。

孩子的观察力很强，对金钱的兴趣可以说早于其他事物。鉴于金钱的特殊性，早期的金钱教育对儿童树立正确的金钱观非常重要。

要让孩子从小了解金钱，知道金钱的获得方式，并进行适当的金钱激励。上幼儿园交学费时，可以告诉孩子要交的这些钱主要是用于支付老师的工资、买玩具、建玩耍场所——让孩子知道为什么要交钱才能上幼儿园。同时，也要告诉孩子，这些钱是爸妈工作挣来的，只有通过工作才能获得金钱——让孩子知道只要通过付出劳动才能获得金钱。

当孩子有好的表现时，可以给予适当的金钱奖励，如洗自己的衣服、帮助父母倒垃圾、帮助奶奶拿牛奶等。通过一定的金钱奖励去激励和培养孩子的好习惯和好品质。在这方面美国的家长做得就不错。

在美国孩子中非常流行一个组织——女童子军，这种组织是几个家长凑在一起，轮流带孩子，结构很松散。他们会给五六岁的孩子派下差事：推销饼干，目的是培养孩子的社交技能和经营技能。

女童子军的网站直言不讳地介绍，美国许多成功的企业家，都曾经在女童子军卖过饼干。饼干一包4美元，至少高于市场价30%。这么教孩子赚钱，是否过分呢？其实，买女童子军的饼干，任何一个人都不会嫌贵。

刚开始时，孩子见了人都会害羞得说不出话来。不过，大人们都特别热情，一看到孩子穿着童子军的小制服怯生生地站在那里，就会主动走过来问："你在干什么呀？是在卖饼干吗？我可以买几包吗？"就这样，在"客户"的引导和鼓励下，孩子的买卖也开张了。

渐渐地，孩子就敢主动推销了。饼干有四种，每次推销，孩子都要向客户解释各个品种，告诉客户买某种饼干的理由；然后算账，四美元一包，一共多少钱，算术也跟着学了。

卖饼干具体办法是：先找顾客订货，将大家购买的数量登记好，然后"进货"、"送货"、收款，要完成整个商业流程。卖完饼干之后，大家会凑在一起算账，看看总收入是多少，让孩子们讨论钱该怎么花。孩子们讨论的结论是：把钱一分为三，第一部分给组织者，孩子希望能把家长倒贴进来的钱支付了；第二部分钱，要捐给那些无家可归的人；第三部分钱，留下来给孩子们开个庆功会。

美国就是这样培养孩子的金钱观念的！

　　孩子早期的金钱观念的形成与家庭教育有着密切的关系。很多父母认为"金钱是万恶之源"，它会使一个人堕落，为了使自己的孩子尽量晚一些接触"金钱"，有些大人甚至在孩子面前闭口不谈钱。殊不知，这种观念是错误的！

　　这样做，会让孩子对钱一无所知，对金钱没有任何观念，根本不知道手中的玩具、爱吃的零食是通过什么途径得到的，会让他们觉得只要开口就会拥有自己想要的东西。

　　金钱是一把双刃剑！过分看重金钱，在孩子面前过分以金钱衡量，过度用金钱激励，会导致孩子对金钱的依赖，产生负面影响。

　　我女儿有个同学学习成绩不错，尤其是作业做得很快，每天他做完作业后就将其交给后桌的一位贪玩、不愿做作业的男生，抄一科5元，抄两科10元。周末老师留的作业一般都比较多，他就将价格提高到每科10元。

　　当这个孩子的赚钱秘密被老师发现后，老师批评他："不该用这种不正当的方式从同学身上挣钱。"可是他却满不在乎地说："大学生都提倡勤工俭学，靠自己的能力挣钱，我这也是勤工俭学呀！"后来，老师和家长通过沟通才发现，原来他的父母在他面前什么都是以金钱来衡量的。

　　更有甚者！

　　一天，我去一所小学办事听说了这样一件事：两名小学生因一点小事打架，其中一位学生的家长竟然找到班主任，当着孩子的面这样教育孩子："以后谁要是再打你，就拿家伙揍他，打坏了爸爸拿钱给他养伤。"

这样的教育真是大错特错！孩子对金钱过度看重和依赖，时间长了，就会严重扭曲孩子的价值观和是非观。在成长过程中，孩子对金钱与众多物品的感觉是一样的，既感到陌生，又感到新奇。孩子就如同一张白纸，需要在父母的帮助和教育下描绘出绚丽的画面。

父母要调整自己的思维，让孩子尽早正确地了解金钱、认识金钱、知道金钱的获得方式，进行适当的金钱激励，只有这样才更有利于孩子树立正确的、积极的金钱观，才能对孩子更好地应用金钱这一激励手段。

李娜夺冠给教育带来的启示：寻找内心的"卡洛斯"

2014 年 1 月 25 日，李娜夺得澳网女子单打冠军，不仅让全体中国人为之感到骄傲，也让一个名字深深地嵌入了广大中国球迷的心中——卡洛斯。

卡洛斯是一个神奇的教练，他曾经帮助身材矮小的比利时姑娘海宁在 15 年的时间里获得了七个大满贯，这次又帮助李娜创造了奇迹——成为澳网历史上年纪最大的女单冠军。

媒体与公众不仅对卡洛斯给予李娜的多项技术指导做出了关注，更关心的是卡洛斯对于李娜的另外一个层面的指导——有关自我的肯定与激励，有关如何积极地面对成功与失败，有关自信的寻找。这些恰恰是在李娜 30 多年的成长轨迹中最为缺乏的，当然也是我们很多人在受教育的轨迹中最为缺乏的。

熟悉李娜的人都知道，李娜拥有世界一流的硬实力，可是她却非常不自信。李娜说，从小到大自己接受的教育一直是"如果你做不好……你就会……""不要轻易去冒险，凡事要谨慎"，这种教育方式让她在学会了谦虚谨慎的同时，也埋下了对于失败的恐惧。

从心理学的角度来看，人的成功存在两种不同的动机：追求成功与避免失败。虽然说，对于失败的恐惧也会成为一个人不断进步的巨大动力！心中始终存有忧患意识，会让一个人更好地完善自己。但如果将追求成功作为自己进步的原动力，进步的过程会更加乐观和积极。

更重要的是，如果做一件事情可以增加成功的可能性，将追求成功作为自己生活目标的人就会全力以赴，因为对于他们来说，成功的可能性又大了一些；而那些持避免失败观念的人则可能放弃，因为对他们来说，自我保护与避免失败才是最重要的。

对于李娜来说，如果将"避免失败"作为自己生活的成就动机，那么她有可能在两年前获得法网冠军之后状态持续下滑的阶段就结束了自己的网球生涯，但卡洛斯告诉她："要相信自己！""要享受过程！""要勇敢地说出自己下一个努力的目标！"

这样，李娜慢慢地发生了改变，以往那个随时关注签注表的李娜不见了，如今的李娜打球的时候会专注于每一个球，享受每一场比赛；过去那个不敢轻易说出目标的李娜消失了，今天的李娜在半决赛之后能够勇敢地说出"我想比去年的亚军再前进一步"。

在今天的学校与课堂上，老师经常会发出这样的抱怨："为什么学生不会提问，不敢提问？"家长们则经常会抱怨："为什么我们的孩子始终牵挂于所谓的标准答案，不敢做出发散性的思考与尝试？"整个社会也在抱怨与发问："为什么我们的学校培养不出拔尖的创新人才？"

或许，这些问题有一个共同的答案，我们的孩子还不够自信。培根说过，"深窥自己的心，而后发觉一切的奇迹在你自己"。要让每个孩子都找到内心的那个"卡洛斯"，找到自信——挑战权威的自信，挑战标准答案的自信，挑战传统思维的自信，挑战自己的自信……这也是李娜夺冠带给教育领域的启示。

☆了解需要是成功激励的第一步！

☆一个人的行为是塑造出来的。

☆每个人都喜欢被赞美。恰到好处的赞美，是夏天中的一缕清风，是送人的一束玫瑰，是投石于水中而荡起的涟漪，是抛砖能引来的玉。

☆赏识、表扬与惩罚、批评是利用这一原理针对不同的教育情景而采取的不同的教育方式。

☆要让孩子从小了解金钱，知道金钱的获得方式，并进行适当的金钱激励。

☆让每个孩子都找到内心的那个"卡洛斯"，找到自信——挑战权威的自信，挑战标准答案的自信，挑战传统思维的自信，挑战自己的自信……

秘诀3 有效的培训

　　家庭是孩子成长的"第一所学校",父母是孩子的"第一位老师",也是"终生的老师",更是"时时的老师"。父母的行为在不知不觉、潜移默化中影响着孩子的行为,父母是孩子的榜样,想要让孩子做到的,父母自己要先做到,这就是"言传身教"的道理所在。在家庭教育中"身教"的示范作用远远大于"言传"的教导作用。

小心孩子形成思维定式

拙劣的教育是形成孩子思维定式的真正的元凶！有这样一个关于画画培训的故事：

有个小男孩要去上学了，由于年龄小，学校看起来显得很大。小男孩发现进了校门便是他的教室时，他觉得很高兴。因为这样让学校看起来不再那么巨大。

很快，老师便开始上课了，她说："今天，我们来学画画。"小男孩心想："好哇！"他喜欢画画，他会画许多东西，如狮子、老虎、小鸡、母牛、火车、小船……

小男孩兴奋地拿出蜡笔，径自画了起来。但是，老师却说："等等，现在还不能开始。"他停了下来，全班都专心地看着老师时，老师又说："现在，我们来学画花。"

男孩心里很高兴，因为他喜欢画花，便用粉红色、橙色、蓝色蜡笔，勾勒出了自己的花朵。但此时，老师又打断了大家："等等，我要教你们怎么画。"于是，老师在黑板上画了一朵花。

花是红色的，茎是绿色的。"看这里，你们可以开始学着画了。"

男孩看看老师画的花，又看看自己画的，他比较喜欢自己画的花。但是他不敢说，只能照着老师的花画在纸的背面，那是一朵红色的花，带着绿色的茎。

三天后，男孩进入教室，老师说："今天，我们用黏土来做东西。"男孩心想："好棒！"因为他喜欢玩黏土，他会用黏土做许多东西，如蛇、人、大象、老鼠、汽车、货车……他开始捶揉那个球状的黏土。

老师说："现在，我们来做个盘子。"男孩心想："嗯，我喜欢。"他喜欢做盘子，没多久各式各样的盘子便出炉了。但老师说："等等，我要教你们怎么做。"老师做了一个深底的盘子："你们可以照着做了。"

男孩看看老师做的盘子，又看看自己的，他比较喜欢自己的，但他不敢说，只好将黏土揉成一个大球，然后照着老师的方法，做成了一个深底的盘子。很快，男孩就学会了等着、看着，仿效老师做相同的事。很快，他不再创造自己的东西。

后来，男孩跟随父母搬到了另一座城市，男孩也转学到这座城市的一所学校。这所学校更大，他要爬楼梯，沿着长廊走，才能到达教室。

第一天上课，老师说："今天，我们来画画。"男孩想："真好！"他等着老师教他怎么做，但老师什么也没说，只是沿着教室走。老师来到男孩身边，问他："你不想画吗？""我很喜欢啊！今天我们要画什么？""我不知道，你可以自由发挥。"

"啊，我应该怎样画呢?""随你喜欢。"老师回答。

"可以用任何颜色吗?"老师说:"如果每个人都画相同的图案，用一样的颜色，我怎么来分辨是谁画的呢?"于是，小男孩开始用粉红色、橙色、蓝色画出自己的小花。

小男孩很喜欢这个新学校，即使教室不在校门边。

通过这个小故事，我们完全可以体会到两种完全不同的教育方式的优劣。达·芬奇说:"画家如果拿名人的作品作自己的标准或典范，他画出来的画就没有什么价值，如果努力从自然事物中学习，他就会得到很好的结果。"

德国生理学家贝尔纳有句名言:"构成我们学习最大障碍的，是已知的东西，不是未知的东西。"已知的东西会让人们产生一种思维定势，促使人们做出错误的判断。

值得庆幸的是，思维并不完全是遗传、经验的产物，更是后天培养、训练的结果。孩子处于成长阶段，许多方面还是一张白纸，这个阶段是防止形成思维定势、培养发散性思维、塑造卓越思维的最好阶段。

在现在学生做的练习题的最后，常常有一些思维发散题，如□+□=□×□。其实，它就反映了发散性思维的流畅性的特征，通过多方的联想，不仅会大大增加思维流畅性发散的"量"，还会大大提高流畅性的"质"。

发散性思维的练习可以循着两条路走:一条是从对象自身出发进行思考，这种方法叫"由点到体"；另一条是从思维的不同角度进

入，就是不断变换视角进行思考，从横向、纵向、逆向、侧向等多条途径进行进攻，这种方法叫"多路并进"。

1. "由点到体"法

这种方法的思维路线是由点到线、由线到面、由面到体，在庄寿强的《创造学基础》一书中介绍了这种思维的修炼方法，主要是从对象的材料、功能、结构、形态、组合、关系等处着眼发散的。

2. "多路并进"法

（1）横向思维。就是由此及彼，找到事物间的最佳联系。在日常生活、学习中，可以试着从以下几个方面来问孩子：

• 这个物件有没有其他用途？如果把它变化一下，将是什么呢？能不能借用别的方案？

• 有什么东西与此物件类似？能否通过改变物件的颜色、运动、声音、形状等取得所期望的效果？

• 能不能扩大、增加一些什么东西？能不能增加次数、长度、强度，延长寿命？

• 能不能缩小或取消某些东西？能不能省略、减轻、减薄、降低、缩短、分割、小型化等？

• 能不能用别的材料、文件、工艺等来代替？能不能改变程序、布局、进度、因果关系等？

（2）纵向思维。就是将思考对象从发展方向上，依照其各个发展阶段进行思考，设想、推断出下一步的发展趋向，确定研究内容的思维方法。

英国思维学家德波诺在他的著作《横向思维》中，对横向思维与纵向思维进行区分时是这样展示纵向思维的特点的：逻辑思维、注重正确性、寻找最佳方法、方向目标明确、思维方法确定、分析的、按部就班的，且每一步都有充分的根据、使用否定堵死某些途径、思维集中到一点、遵循最有希望的途径……

也就是说，纵向思维法是一种直线前进的传统思维方法，一步一步地设想、推理，思考每一个环节，并沿着最大可能性的路线前进，直到完成创造。

这种思维方法可以让孩子思考有序。

（3）逆向思维。就是不采用人们思考问题的常规思路，而是从对立的、完全相反的角度去思考问题。通俗地讲，就是"背道而驰"。这种方法看似荒唐，其实是一种非常奇特的思维方法。

纺织机的纺锤本来是卧式转动的，一次偶然的机会，英国纺织工哈格里夫斯的妻子无意中发现，后面横架的纺锤竖立起来并不停旋转。哈格里夫斯突发异想：如果纺锤可以立着转，不就可以用一个纺轮带着多个纺锤同时转动了，一下子不就能纺出好几根线吗？正是由于这一思维，"珍妮纺纱机"问世了。

（4）侧向思维。就是将人们通常思考问题的思路稍加扭转，换一个角度来进行思考。他山之石，可以攻玉。

一位心理学家曾经做过这样一个实验：

他把饿了一天的狗和鸡关在两堵矮墙之间，在狗和鸡的前面用铁丝网隔开，放一盆饲料进去。鸡一看到饲料就立刻冲了

过去，结果左冲右突就是吃不到食物；狗先是蹲在那儿直盯盯地看着食物和铁丝网的另一边，又看看周围的墙，然后转身往后跑，绕过墙来到铁丝网的另一边，结果吃到了食物。

人类在考虑某个问题时也有类似现象！如果总是死抱正面进攻的方法一味地蛮干，丝毫不能解决问题；而如果能够巧妙地使用一些迂回战术，用些意想不到的方法，就会轻而易举地获得成功，这就是侧向思维的结果。

挫折是成功的垫脚石

挫折和失败是一所最磨炼人的大学，孩子从挫折和失败中学到的东西更为可贵！

有一天，一头毛驴不小心掉进了一口枯井里，为了救出毛驴农夫想了很多办法，但几个小时过去了，毛驴依然在井里痛苦地哀嚎着。最后，农夫决定放弃：这头毛驴年纪大了，不值得大费周折地把它救出来，可是这口井倒还是得填起来。

于是，农夫便请来左邻右舍帮忙："咱们一起将井中的毛驴埋了，免得它遭受痛苦。"每个人都手拿一把铲子，将泥土铲进了枯井中。毛驴很快就了解了自己的处境，刚开始叫得还很凄惨，但一会儿之后这头毛驴就安静了下来。

大家都感到莫名其妙，农夫好奇地探头往井底一看，出现在眼前的景象令他大吃一惊：当铲进井里的泥土落在毛驴的背部时，毛驴会将泥土抖落在一旁，然后站到铲进的泥土堆上面……就这样，毛驴将大家倒在它身上的泥土全数抖落在井底，然后再站上去。

很快地，这头毛驴便得意地上升到了井口，然后在众人惊讶的表情中快步地跑开了！

本来看似要活埋驴子的举动，由于驴子处理困境的态度不同，实际上却帮助了它，这也是改变命运的要素之一。如同驴子的境遇，在生命的旅程中，有时候我们难免会陷入"枯井"里，各式各样的"泥沙"都会倾倒在我们身上，要想从这些"枯井"挣脱出来就要将"泥沙"抖掉，然后站到上面！

其实，在生活中所遭遇的种种困难挫折就是加诸在我们身上的"泥沙"；然而，换个角度来看，它们也是一块块的"垫脚石"。只要锲而不舍地将它们抖落掉，然后站上去，即使是掉落到最深的井里，也能安然脱困。

可是，今天很多父母害怕孩子经受挫折，处处为孩子着想，事事为孩子做好准备，孩子就像温室中的花朵，经受不住丝毫的风霜。其实，这样做不仅会害了孩子，还会阻碍孩子的成长。一位教育学家讲过一个关于蝴蝶的故事，很值得父母深思：

一天，一只茧裂开了一个小口，男孩正好看到这一幕。他一直观察着，蝴蝶艰难地将身体从那个小口中一点点地挣扎出来，几个小时过去了，蝴蝶似乎没有任何进展。

看样子它似乎已经竭尽全力，不能再前进一步了……男孩看得心疼，决定帮一下蝴蝶：他拿来一把剪刀，小心翼翼地将茧破开。这样，蝶蝶很容易地挣脱出来。但是它的身体很萎缩，身体很小，翅膀紧紧地贴着身体……

男孩接着观察，期待着在某一时刻，蝴蝶的翅膀会打开并伸展起来，足以支撑它的身体，成为一只健康美丽的蝴蝶……然而，这一刻始终都没有出现！在余下的时间这只蝴蝶都在艰难地爬行，永远也没能飞起来……

其实，故事中的小男孩并不知道，蝴蝶从茧上的小口挣扎而出，这是上天的安排——通过这一挤压过程它们会将体液从身体挤压到翅膀，这样才能在脱茧而出后展翅飞翔。小男孩的帮忙不仅是多此一举，反而成了伤害蝴蝶的罪魁祸首！

同理，如果父母对孩子过分保护，对孩子的一切大包大揽、包办代替，像母鸡护小鸡一样，始终将子女保护在自己的羽翼之下，必然会严重影响孩子的成长。

在某大学，曾经发生过这样一件事：

一位物理系高才生由于成绩出类拔萃，在毕业之前被学校选送到美国某名牌大学深造。谁知，这名大学生却一口回绝了，说："我不想出国。"老师问他为什么，他说："我不会洗衣服、不会买东西、不会烧饭、不懂得与别人交往……"也就是说，他根本无法独立生活。原来，在大学四年，他的衣服、床单、被罩等都是妈妈定期到学校来取回去清洗的。

〰〰〰〰〰〰

失败是成功之母！

〰〰〰〰〰〰

很显然，这位大学生是在其父母的过分保护下成长起来的！过分保护会严重干扰孩子身心的正常发展，产生极其恶劣的后果。因此，在日常生活中，要加强对孩子的磨难教育。

一个1岁左右的小男孩牵着妈妈的手来到公园的广场前。看到有十几个阶梯的台阶，小男孩挣脱开妈妈的手，用胖胖的小手向上爬。

当小男孩爬上第二个台阶时，他感到台阶很高，回头瞅了一眼妈妈。妈妈没有伸手去扶他的意思，只是用慈爱的眼神表示了鼓励。小男孩抬头向上瞅了瞅，放弃了让妈妈抱上去的想法，手脚并用地向上爬。

他爬得很吃力，小屁股抬得老高，小脸蛋也累得通红，衣服上也沾上了土，小手也脏乎乎的，但他最终还是爬上去了。

妈妈这才上前拍拍儿子身上的土，在那通红的小脸蛋上亲了一口。

这个小男孩，就是后来成为美国第16届总统的林肯。他的母亲便是南希·汉克斯。

克劳夫的心埋法则：

生活是艰难的，但你必须学会应对！

林肯的家境非常贫穷，他断断续续地接受正规教育的时间，加起来还不足一年。但林肯从小就养成了不畏艰难的好品质。他买不起纸和笔，就用木炭在木板上写字，用小木棍在地上练字。他抓紧一切时间看书学习、练习讲演。

林肯失过业，做过工人，当过律师。他从29岁起，就开始竞选议员和总统，前后尝试过 11 次，失败过 9 次。在 51 岁那年，他终于问鼎白宫，并取得了辉煌的成绩，被马克思称为"全世界的一位英雄"。

母亲南希在林肯 9 岁那年不幸病故。但毫无疑问，她用坚强而伟大的母爱抚养了林肯，使他勇敢而坚定地走向未来。

不言而喻，人的一生有无数级台阶——生活、学习和工作。如何面对和攀登这些人生的台阶？对于孩子，是牵着手、搀扶着上，还是抱着上？不同的父母会有不同的答案。

显而易见的是，如果家长牵着、搀扶着孩子，就会使孩子产生依赖性，常常把父母当成拐棍而难以自立和成长；如果家长抱着孩子上台阶，把孩子揽在襁褓里，那么，孩子就会成为"被抱大的一代"，经不起风雨，见不了世面，更难立足于社会。

平时，孩子饭来张口，衣来伸手，上学接送，晚上陪读，甚至考上大学父母还要跟着做"保姆"。孩子大学毕业后找工作，又得父母跑单位，当"职介"……这样，孩子很难自立，成人后难有作为。再富也不能富孩子，不妨让孩子吃点苦，受点磨难，有"台阶"让他自己爬。这样，孩子也许能"一鼓作气"，攀上光辉的顶点。

放手是最好的培训

放手，让孩子承担本应自己承担的责任；放手，让孩子尝试自己本应体验或学习的技能。放手是对孩子最好的培训！只有放手，才能为孩子提供更多学习及成长的机会，便于孩子迅速、健康地成长。

一天，一个中年男子在教 10 岁的女儿如何使用割草机，当教完怎样将割草机掉头后，他有急事暂时离开了一会儿。这时调皮的女儿把割草机推到了草坪边的花圃上，并充分利用她刚才学到的技术开展工作……机器所到之处，枝折花落，原本美丽的花圃被割得乱七八糟。

看到这个情景，中年男子生气极了。要知道，这个花圃可是他花费了很多时间和精力才成为今天这个样子的！可仅仅几分钟的时间，就被毁得不成样子了。

"你在干什么？"中年男子怒吼起来，甚至要打孩子。妻子看到这个情景，急忙赶过来，用手轻轻拍了拍他的肩膀，说："亲爱的，别这样，要知道，我们是在养孩子，不是在养花！"

好一个"我们是在养孩子"，犹如醍醐灌顶，让人警醒！

今天的孩子，吃橘子家长剥皮、上学书包由家长背、参加课外培训由家长陪……这种"家长过分溺爱孩子、学生过度依赖家长"

的现象像流行病一样在很多家庭蔓延。

在南京市一家以青少年为主要培训对象的大型社会办学点现场，有的孩子上课 4 次后竟不知道自己在哪个教室。一位记者在现场做了统计，90% 的学生由家长护送到教学区门口，有的孩子甚至有多位家长护送；20% 的学生的书包不是自己背的，由大人帮着背的……可是在很多旅游景点，我们经常会看到老外一家三口，每个人身上都会背一个包，只不过孩子背的小点而已，但绝对是孩子自己背的。这也许就是中外教育的差距，可是中国人似乎已经习惯了。

当然，在这里我们倡导放手，并不是提倡瞎放手、乱放手，而是要针对不同的孩子选择不同的放手方式，进行有针对性的放手。根据孩子的成熟度不同，可以采用不同的放手方式。

1. 监督型放手

相当于牵着孩子的手，这是一种自由度很低的放手方式，主要针对自控力低、对某项任务很陌生的孩子。在接到一项任务的时候，虽然孩子有很高的积极性和热情，但是他们对此项任务一无所知，不知如何下手，缺乏必要的知识和技能，这时就可以给他们制订详细的执行计划，下达明确的目标和指令，并且密切监视进程。父母要对重点事项实施监控，及时了解进程，了解是否出现偏差；一旦出现偏差，要及时纠正过来，否则会造成更大的偏差。

2. 教练型放手

相当于扶着孩子的手，这是一种有一定自由度的放手方式，适用于有一定自控力、在某方面拥有一定技能的孩子。优秀的父母通常不会告诉孩子应该如何做，而是让孩子自己去寻找解决问题的方

法，但父母会密切关注孩子，更多地侧重于目标和计划；在认为需要时，才会给孩子提供支持和帮助。

3. 服务型放手

相当于松开了孩子的手，这种放手方式有很高的自由度，适用于自控力强、在某方面拥有很高技能的孩子。这些孩子不仅拥有很强的技能，还拥有很高的热情。父母只要给孩子指明方向或目标就可以，不用告知明确、具体的方法和行动计划。因为越是自控力强、能力强的孩子越反感父母的控制，父母太过负责会让孩子形成逆反心理。监控的时候，只要让孩子报告一下每一阶段的成果和下一步的计划就可以了。

不要只提要求不检查

如果我们希望知道下达给孩子的目标或要求是否正确或能否最终实现，就必须进行不断的检视和修正。有一个关于修钢琴的故事：

一天，安东尼·罗宾的妻子请了一位调音师到家来给钢琴调音。调音师是个行家能手，他仔细地锁紧了每一根琴弦，使它们都绷得恰到好处，并能发出正确的音符。

当调音师完成整个调音工作后，罗宾问他要付多少钱，他笑一笑回答说："不急，等我下次来的时候再付吧！"罗宾不明白，问道："下次？你这是什么意思？钢琴不是已经调好音了吗？"

调音师说："音是调好了，可那只是暂时的，如果要让琴弦保持在正确的音符上，必须继续'调正'，所以我还得再来几次。"

在生活中，很多父母经常是发号施令者，每天都给孩子提各种各样的要求，但这些要求到底合不合理，孩子有没有真正执行，最后却不了了之。结果，不是要求不合理，就是孩子没坚持。

几乎每个小学生的父母都会遇到家长签字问题，可是很多父母不是没签字，而就是闭着眼签的，明明孩子还有家庭作业没完成，可父母的大名却签上了。

成功父母一般都不会忽视检查的功效，如何才能让孩子养成事后检查的好习惯呢？

1. 父母要养成检查的习惯

检查是确保对孩子的要求得以正确执行的保证！要想让孩子养成做完作业后检查的习惯，父母首先就要养成检查的习惯。尤其对于约束力差的孩子，更要注重对孩子行为的检查。

2. 一边检查，一边修正给孩子下达的目标

在检查过程中，要不断修正给孩子下达的目标和要求。检查孩子行为的时候，还要想一想孩子行为背后的问题，看看父母的目标和要求是否合理。不合理的目标和要求，即使是天才也是无法做到的。这时候，家长就要积极修正目标和改变要求了。

3. 孩子的行为是否按事前的要求做到

父母要不断检查孩子的行为是否按事前的要求做到，尤其是在目标和要求合理的情况下，更要关注孩子行为的执行情况，确保孩子的行为在正轨上发展。

4. 多做指导性检查

检查不是为了惩罚孩子，检查的真正目的是使对孩子的要求得到正确执行。当发现孩子的行为发生偏差后，要及时找到偏差的原因，帮助和指导孩子走上正轨。

言传不如身教

父母是孩子的第一任老师，孩子是父母的一面镜子。什么样的父母教出什么样的孩子，而通过孩子这面镜子，家长又可以看到自身的缺点。

家长对孩子的教育能力不是天生的，也需要在不断的摸索与学习中成长，所以，家长一定要与自家的孩子一起成长。

看女儿在温暖的春光里快乐地滑行，是张女士的一大乐事，也是她每个周末的一项任务。坐在公园里轮滑训练基地的看台上，张女士眯起眼睛在风中捕捉着女儿"稚拙"滑行的身影。

"我们走吧，风太大了。"一位年轻的母亲边说边收拾好东西，领着儿子离开了。看台上，她看过、坐过的几张报纸随风摇摆并且发出哗啦啦的响声。

"怎么不随身把报纸带走？这样子还怎么教育孩子从小懂得环保呢？"张女士摇了摇头，在心里暗自责怪其素质不高。"妈妈，妈妈！时间到了吗？"女儿兴冲冲地滑过来。

"到了，我们回家吧。"张女士和女儿开始收拾东西，准备回去。"妈妈，这报纸被风刮得到处都是，你怎么也不捡起来啊？"女儿质问。

女儿的问题令张女士羞愧难当：是啊，在心底指责他人的时候，我不是也没有行动吗？"好，我们一起捡！"她连忙和女

儿一起把报纸捡了起来，并扔到了附近的垃圾箱里。

家庭是孩子成长的"第一所学校"，

父母是孩子的"第一任教师"。

类似这样的情景在生活中随处可见。很多父母经常会教育自己的孩子要这样要那样，自己却时时在扮演反面的典型，这样怎么能教育和培养好自己的孩子呢？

在我们身边，有些父母经常会教育孩子要孝敬父母，可他们自己却当着孩子的面为了自己父母的事情而争吵；有些父母每天都要求孩子注意安全、遵守交通规则，可他们自己开车却经常闯红灯，这时自己的孩子就坐在旁边；有些父母经常教育孩子要维护环境、注意公共卫生，可他们却把喝净的牛奶盒随手扔出车窗外……

家庭是孩子成长的"第一所学校"，父母是孩子的"第一任教师"。专家指出，家庭成员（特别是父母）的文化程度、生活方式在很大程度上影响着孩子身心的健康发展。在日常生活中，在家庭文化的熏陶下，很多孩子的价值观、行为方式和情感模式就如同从父母身上复制出来的一样。父母的一举一动对孩子都有着潜移默化的作用，因此父母要特别注意自己的言行。

古人说"言传身教"，其实在家庭教育中"身教"的示范作用远远大于"言传"的教导作用。父母是孩子第一任老师，也是终生的老师，更是时时的老师；父母的行为对孩子行为的影响是最大的，所以父母一定要明白一个道理：言传不如身教！

父母是孩子的榜样，要给孩子树立一个好榜样。父母日常生活中的言传身教，是家庭教育的重要教育方式。那么，父母应该如何对孩子进行言传身教呢？

1. 对孩子提出的要求，自己要先做到

父母是孩子最直接的模仿对象，要求孩子做到的，自己首先要做到，要言行一致，处处严格要求自己，树立起自己的威信，掌握教育的主动权，如此才能达到教育的预期效果；否则，对孩子提出越多的要求，孩子会越反感和叛逆。

2. 要有进取心，不断加强自身修养

父母教育孩子，更多的是用自己的人格力量去影响孩子。父母通过自己的努力不断取得成绩，是对孩子最好的精神激励和最佳的行为示范。孩子会受父母的熏陶，保持积极进取的精神状态。这是孩子成长的最大动力。

3. 家人之间要和睦，教育理念要基本一致

首先，要处理好夫妻关系。如果与老人一起生活，夫妻还要处理好与公婆（岳父母）之间的关系。只有创建一个良好的家庭氛围，让孩子生活在温馨、稳定的家庭环境中，才能让他们保持舒畅的心情，更加安心学习。

其次，父母应保持教育理念基本一致。如果意见不一致，要多沟通，不要出现激烈冲突。如果父母双方的教育理念、教育态度差别太大，就会让孩子感到无所适从，很容易养成当面一套、背后一套的两面作风，这是非常不利于孩子良好品行养成的。

运用神奇的想象力

有一个关于改进投篮进球率的实验：

    教练把学生分成三组：第一组学生在 20 天内每天练习实际投篮，把第一天和最后一天的成绩记录下来；第二组学生在此期间不做任何实地练习，但也要将第一天和最后一天的成绩记录下来；第三组学生记录第一天的成绩，然后每天花 20 分钟进行想象性的投篮。如果投不中，他们便在想象中做相应的纠正。

    结果，第一组每天实际练习 20 分钟，进球率增加了 24%；第二组因为没有练习，也就毫无进步；第三组经过想象练习，进球率增加了 23%。

从实验的结果可以发现，第三组的进步几乎接近第一组，充分显示了想象力的力量。

心理学家 R. A. 凡戴尔通过一种人为控制的实验也证明：让一个人每天坐在靶子前面想象着他对靶子投镖，经过一段时间后，这种心理练习也可以提高投靶准确性。

著名的职业高尔夫球运动员约翰·布拉几年前在一篇文章中写道，在心里有一幅清晰的图像，想象出自己要高尔夫球落到什么地方以及怎样滚动，比高尔夫球的"形式"技巧更重要。这就是想象的力量！其实，道理很简单，但是很多时候人们都将它忘记了。

想象力是人类特有的一项"本能"，也是人类与动物的不同点之一。创造想象力是人类所特有的，历代许多伟大的思想家相信：人类"储藏信息"并不局限于自己过去的经验和所见所闻。J. R. 莱因博士则通过实验证明：人类除了个人的记忆和根据经验与学习积累信息之外，还可以从其他途径获得知识、事实和观念。

有些人经常会认为，只有诗人、发明家之类的人才具有创造性想象力。其实，每个人的大脑构造都是一样的，每个人的自我意象形成都是一致的，每个人都可以利用想象力创造奇迹。

为了获得成功，自古以来，很多成功人士都在运用心理图像和排练实践——想象力法。拿破仑在参战前，会在内心想象"演习"多年的军事；康拉德·希尔顿在拥有一家旅馆之前，很早就开始想象如何经营旅馆了；高利·凯瑟尔在每次取得事业成就之前，都已经在想象中预先实现了……

著名心理学家威廉·马斯顿向求职人员推荐了一种方法——"排练实践"，他的建议是：

● 提前对谈话内容做好准备。

● 把可能问到的各种问题在你心里细细考虑一遍，想好你要做出的答案。

● 在心里"排练"一下这次谈话。即使你排练的问题一个也没有用上，这种事先排练也能创造奇迹，它使你更加自信。

哈利·爱默生·佛斯迪克博士说："在你心灵的眼睛前面长期而稳定地放置一幅自己的肖像，你就会越来越与它相近。生动地把自己想象成失败者，这就足以使你不能取胜；生动地把自己想象成胜

利者，将会带来无法估量的成功。伟大的人生以你想象中的图画——你希望成就什么事业，做一个什么样的人——作为开端。"

也许在过去你曾怀疑过想象力的神奇，忽视了想象力的力量，那么就从现在开始，充分利用并发挥孩子的想象力，运用想象力促进孩子学习效率的提高。

帮助孩子找到问题所在

曾经看到过一个关于"渔王"的故事，故事的大概情节是这样的：

有一个渔夫，捕鱼本领非常高强，因此人们称其为"渔王"。渔夫想把三个儿子也培养成捕鱼高手，于是每次出海的时候都会把三个儿子带在身边。

几年过去了，"渔王"老了，儿子们捕鱼的本领却没有多大的长进，"渔王"搞不明白了。这天，他向一位老者询问，老者一语道破了缘由："你没有帮助儿子找到问题点，他们怎么会做出针对性的改善？"

一个孩子的成长，一种技能的掌握，不是简单地教一教就可以达成的。只有在孩子实践的过程中不断发现问题，并主动帮助孩子找到问题的根源，然后进行针对性的改善，孩子才能学有所成。

男孩在高一第一学期期中考试中英语考了 28 分，其他各科成绩也在及格分数线上下。虽然平时成绩不太好，但英语 28 分的成绩还是让老师没有想到。如果他的英语成绩一直上不来，不仅会阻碍后续的学习，而且还会影响到他学习的积极性。

为了帮助男孩，老师便利用放学时间给男孩讲题，一方面让他知道老师在关心他，以此来激励他努力学习；另一方面老师也想通过和他接触，了解到他学习成绩不好的原因。

机会终于来了，有一次默写，男孩得了 85 分。老师问他："怎么今天默写这么好呀？"

"昨天我表妹来了，和我在一起，没办法只能陪她一起背书。""这就说明，你只要一努力，还是能考得理想的成绩的。"老师一边表扬，一边观察他的变化。

"当然！其实我不努力，父母也着急。"老师觉得，男孩很懂事，就顺着他的话问了一句："既然知道父母因为你的学习问题而着急，那你为什么不用心学呢？"

"觉得没用，"男孩顿了一下，接着说，"今后无论能不能考上大学，我都有工作，即使考上，最后还是跟父母做生意。"

原来如此！老师找到他学习不努力的症结所在了。但是，他并没有急着做说服教育，而是继续顺着他的话题问："做什么生意，想把生意做到什么规模呢？""当然是和我爸爸一样做服装生意了。至于规模嘛，当然越大越好了。"

"是呀，人往高处走，水往低处流！"

男孩听后，点了点头。

"如果是做生意，你愿意跟什么样的人合作？"

男孩用疑惑的眼神看着老师，说："当然是讲诚信、素质高的人……"

"如果你已经是一个生意人了，现在有两个合作伙伴让你选择：他们各方面条件都一样，唯一不同的是，一个是高中毕业，另一个是大学毕业。你会选择谁?"

"如果诚信度相当的话,我会选择大学毕业的吧。"

"如果你是个被选择者呢?你认为人家会怎么选?"

男孩没回答老师的问题,但他已经明白老师的意思了……"那我现在努力还来得及吗?我的基础不好!"显然,男孩对自己的信心不强。

"来得及,我们一起努力,肯定会有进步的……"

这次简单的对话之后,男孩的学习态度有了明显的改善,但老师明白还得帮助他增强自信心。于是,老师对他多了一些关注,只要发现他的闪光点就在全班同学面前给予表扬和鼓励。经过半个学期的努力,男孩进步了,总分排名也上升了20位。

说实话,在与男孩交谈之前,老师很可能没有想到一次推心置腹的谈话,居然会对男孩产生这么大的影响。老师找到了男孩学习差的问题点,并帮助他解决了问题,自然就产生了好的结果。

女儿小学时数学成绩一直很好,可是到了初中,连续两次数学成绩在班上都只能排在20名左右,我一直很纳闷。后来,我把她的试卷仔细分析了一下,发现了问题的所在:正负符号转换的过程中出错了。

发现问题后,我跟她讲解了要点,然后又让她针对性地多做了一些习题。一个月后的期中考试,女儿就没在同样的问题上出错,成绩排到了全班第3名。

孩子毕竟经历得少，发现问题的能力弱，在对孩子的教育中，父母要及时审视孩子的状况，主动去寻找孩子存在的问题点，进行有针对性的教育和培训，帮助孩子尽快进行改善。

养成寄语

☆孩子处于成长阶段，许多方面还是一张白纸，这个阶段是防止形成思维定势、培养发散性思维、塑造卓越思维的最好阶段。

☆如果父母对孩子过分保护，对孩子的一切大包大揽、包办代替，像母鸡护小鸡一样，始终将子女保护在自己的羽翼之下，必然会严重影响孩子的成长。

☆放手，让孩子承担本应自己承担的责任；放手，让孩子尝试自己本应体验或学习的技能。放手是对孩子最好的培训！

☆检查是确保对孩子的要求得以正确执行的保证！要想让孩子养成做完作业后检查的习惯，父母首先就要养成检查的习惯。

☆父母的一举一动对孩子都有着潜移默化的作用，因此父母要特别注意自己的言行。

☆每个人的大脑构造都是一样的，每个人的自我意象形成都是一致的，每个人都可以利用想象力创造奇迹。

☆孩子发现问题的能力弱，在对孩子的教育中，父母要及时审视孩子的状况，主动去寻找孩子存在的问题点，进行有针对性的教育和培训，帮助孩子尽快进行改善。

秘诀4 积极的沟通

　　西方有句谚语：穿对方的鞋，才知道痛在哪里。试着将自己的想法放下，真正设身处地地站在孩子的立场，尊重孩子、了解孩子、认真倾听孩子的话、仔细地为孩子想一想，你将会发现，家长和孩子间的沟通，会变得出乎意料的容易。

学会和孩子沟通

父母常常有这样的难题：

我儿子到底在想什么？

我儿子到底想要什么？

我儿子每天早上起床的时候开心吗？

我儿子愿意把自己的想法告诉我吗？

我儿子为什么总是把自己关在屋子里？

当我和儿子在一起的时候，我是让他像我，还是让我像他？

父母都在为自己的孩子操心，父母都希望孩子像自己期望的那个样子成长。可孩子到底需要的是什么？孩子到底在想什么？许多父母真的不知道答案，几乎所有的父母都遇到这样的难题。

一期上海的《文汇报》上刊登过一个孩子的来信，题目叫《一个小学生的烦恼》：

> 我，是学生。我，是儿童。我，是个喜欢看书、画画、玩电脑的女孩。我，是……

我，只想说："我要玩，我要看，我要画！"我，不想整天待在家里。我，不想你们帮我辅导。我，不想做那个没有"长处"的孩子，不想……

我，并没有感到学习的压力，但我不想做那长不大的孩子，不想一到外婆家就给我糖吃。

我，想有点自由，只要一点点。我想用一点儿自由看书、看电视、玩电脑、画画、去公园玩……不想作业一做完，只能看半小时电视、只能读英语、只能做数学练习题。我只想看我喜欢的动画片，不用等到每晚六点；我只想在童话里遨游，只想玩电脑游戏，只想做我喜欢的事。

我，不是机器人，一切按你们设计的"程序"做。我，想双休日没事就出去玩，不想在家里读我已背得"滚瓜烂熟"的英语，我只想在家看那"囫囵吞枣"的图书。

我，要出去玩，哪怕我胆子太大闯了祸，也由我承担。

我，要大声叫喊："让你们解放我的眼睛，解放我的嘴巴，解放我的双手，解放我的双脚，解放我的空间，解放……"

我，面对大山喊："唉，真苦！"听："唉，真苦！唉，真苦……"

一边是父母的难题，一边是孩子的苦恼，形成了鲜明的对照。父母每天都和孩子在一起，可大多数父母却忽视了孩子。父母只有真正走进孩子的心灵，和孩子进行积极的沟通、交流，才能建立健康的亲子关系。

有些家长抱怨说："要和孩子沟通、和孩子交流，我都知道，可为什么孩子总是无理取闹呢?"原来，周末，她本来答应孩子到动物园去玩的，可领导临时通知她去加班。儿子又哭又闹，让她非常生气。

我说："这不是孩子在无理取闹，而是你不会说话。"这位家长一愣。我说："你可以这样对孩子说：宝贝，妈妈想请你原谅一件事，今天动物园去不成了，因为妈妈得去加班，你帮妈妈想想弥补的方法。"

其实，很简单! 孩子也需要父母的尊重。很多时候，并不是孩子不听父母的话，而是父母的话不中听。沟通是一门艺术，对父母与孩子之间来说，更是如此。事实证明，在不同的情况下，采用不同的沟通方式，会取得不同效果：

1. 开心时——想和父母分享

当孩子遇到令自己开心的事情时，是非常希望和父母一起分享的。这时候，父母要避免两种错误做法。

一个小男孩，在学校里参加足球比赛，得了第一名。回到家里很开心地告诉妈妈："妈妈，我们队赢了。"这时，会出现以下两种不良的沟通方式：

（1）母亲一边替孩子擦汗，一边说："看，累得满头大汗，快去洗澡吧。"

这种方式就等于没有分享孩子的成果和喜悦，孩子的自信心就会受挫。

113

（2）母亲表现得很冷淡，生气地说："就知道玩，怎么在学习上就没有这么积极呢！"

这种方式不仅没有分享孩子的成果和喜悦，反而孩子还遭到了指责。

采用这两种方式，慢慢地，孩子有什么话就不会再想和父母说了。正确的做法是，和孩子一起分享他的成果和喜悦。

2. 有不良情绪时——需要发泄

孩子也是人，而且比成人更为脆弱，当孩子产生不良情绪时，就像有垃圾堵塞在心中一样，父母要帮他发泄出去。

一个孩子放学回到家之后，对母亲说："我很讨厌数学老师，因为数学老师批评我上课讲话。"母亲追问孩子说："你是不是真的上课讲话呢？"

这时孩子很生气："别人也说了，他为什么不批评别人？"母亲说："你还觉得委屈？你不想想，如果你不讲话，老师怎么会批评你？"孩子更生气了："我就是讨厌数学老师。"

如果母亲能够换种沟通方式，定然会产生不同的效果。

孩子回家对母亲说："我很讨厌数学老师，因为数学老师批评我上课讲话。"母亲接受了孩子的情绪，引导孩子把心里话说出来："老师当着全班同学的面批评你，你心里肯定很难过，能告诉妈妈为什么吗？"

孩子感觉到妈妈的理解，情绪缓解后，心平气和地告诉母亲："别人也说了，可老师没有批评他们。"母亲知道，这时最忌讳站在别人的立场批评孩子，哪怕孩子是错的，于是便说："妈妈理解你，如果妈妈是你也会觉得委屈的。想一下，老师为什么没批评其他说话的同学呢？"

孩子说："因为他们没被老师看到。"母亲说："原来是这样啊，那你想想，如果你是老师，发现有同学在讲话，你会不会批评看到的那个？"

孩子（想了想）说："是的。"母亲笑了："那你是否喜欢自己讲课的时候有学生在下面讲话呀？"孩子不好意思地笑了："妈妈，我知道自己错了。"

采用适合孩子的沟通风格

当你面对一群孩子，你会惊奇地发现，不同的孩子对同一件事情的反应竟是如此悬殊。当你给一群孩子讲一个动人的故事的时候，有的孩子会显得无动于衷，有的孩子却会凄然欲泣；当你给一群孩子讲笑话的时候，有的孩子会捧腹大笑，有的孩子却面无表情。

没有所谓"理想"的沟通风格，关键是积极承认差异，并且适当地进行"风格调适"。

为什么会有如此大的差异呢？每个人的沟通风格是不同的，孩子也不例外！

萧伯纳说得好："如果诉求得当，便无往不利；如果诉求不当，便寸步难行。"沟通风格是一个人内在储忆和行为规范的主宰方式，决定着人们为人处世的态度。

研究发现，沟通具有两个维度：第一个维度是支配与谦和，第二个维度是外向与内向。由这两个维度构成的四种组合，会产生出四种不同的沟通风格：

1. 感染型的孩子

喜欢参与、夸大、渲染，喜欢梦想，不喜欢独处，常常会从一个活动跳跃到另一个活动，节奏快而迅速，自尊心较强。

2. 和睦型的孩子

行动和决定较慢，喜欢积极聆听他人说话，寻求安全性和归属感，不喜欢人际冲突，愿意与他人密切合作。

3. 思考型的孩子

行动和决定一般都比较谨慎，比较被动，会问许多问题，不喜欢参与，喜欢单独做事。

4. 直接型的孩子

节奏较快，喜欢控制，喜欢最大限度地支配自己和他人，比较独立，竞争性强，容忍度较低。

每个人都有不同的沟通风格，每个父母都有不同的沟通风格，每个孩子也都有不同的沟通风格。面对不同的孩子，就要采取不同的沟通方式！

沟通风格没有绝对的"好"与"坏"，没有所谓"理想"的沟通风格，家长要积极承认这种差异，适当地进行"风格调适"。父母与孩子之间由于遗传和生活环境几乎相同，孩子的沟通风格往往与父母的沟通风格比较接近，如果不进行适当的调整，很容易出现"针尖对麦芒"的状况，让沟通陷入困境。

另外，孩子年龄小，不成熟，让孩子调整几乎是不可能的，父母要根据孩子的沟通风格，主动调整自己的沟通风格，采用适合孩子的沟通风格，有效地配合孩子，从而使沟通顺畅无阻。

与直接型的孩子沟通时，要注重以下几点：说话速度快些；直接陈述，不要兜圈子；用自信和坚强的语调讲话；更多目光接触，

不要引起冲突。

与思考型的孩子沟通时，要注重以下几点：放慢谈话和做决定的速度；多征询孩子的意见；不要打断孩子；不要批评或催促；多鼓励孩子采取行动。

与和睦型的孩子沟通时，要注重以下几点：放慢谈话的速度，直接切入主题任务或底线；多鼓励孩子行动或做决定。

与感染型的孩子沟通时，要注重以下几点：分享孩子的感情；对孩子的感情表达有所回应；使用个性化的赞扬；采用友好的语言；放松、顺其自然；谈话时和孩子的距离近一些。

缺少沟通的生活是枯萎的生活，父母与子女的沟通是情感的需要，也是成长的需要。

最有效的沟通——同理心沟通

有这样两则生活小故事：

故事一：住院记

一天，3 岁的小宝生病去看医生，从医生开始打针、吊上点滴至医生离去，小宝一直都啼哭不止。

妈妈："小宝，不要哭了，医院的人都被你吵得受不了了。""妈妈抱你，乖，小宝最乖，最听话。等一下我买玩具给你喔。""小宝，你再哭，病就好不了喔!"

爸爸："你不哭，我就去买好吃的麦当劳给你。""你哭得这么大声，被警察听到了，就麻烦了喔!"

任凭爸爸妈妈怎么劝说，威逼利诱，孩子就是哭个不停，即使喉咙已经沙哑，仍断断续续地哭着。一位年轻的护士看到孩子的家长束手无策，便过去轻声地对孩子说："打针很痛喔!"孩子安静地听她说，还点了点头。一句话竟使气氛发生了改变，孩子的父母觉得护士的话有如仙丹。

护士问："你不想打针是吗? 很想把这点滴拿掉是吗?"孩子开始与她对话："嗯。"这是他住院以来，第一次不再哭闹而用言语表达意见。

护士继续问："你害怕打针喔! 我去问医生，可不可以不

打?"护士离开病房时，孩子安静地小睡。十分钟后护士再次进入病房，孩子立刻睁开了眼睛，问："医生说什么？"护士告诉小宝，医生在照顾其他病人，等一会儿会来看你。听她说完，孩子就安心地睡了。

故事二：穿衣记

周末，五个家庭带孩子到外面喝茶聚餐，大人聊得兴高采烈时，突然，一个孩子脱掉了外衣裤，只剩下无袖的内衣和小内裤。妈妈们看到了，立刻说："快穿上，会感冒的！""不穿衣服，不好看。""羞羞羞，怎么脱成这样。""我帮你穿上，好吗？""再不穿，我叫你爸爸来打喔！"孩子坐在地板上，就是不愿意穿上衣服。

这时，一位年轻的妈妈走过去，坐下并抱住这个 4 岁孩子，轻声问他："衣服怎么了？""湿了。"孩子有点委屈。

"湿在哪里，我们来找找看。"孩子找不到湿的地方。年轻的妈妈跟他说："穿上比较好找，先穿上再找好吗？"

"好。"穿上衣服之后，孩子终于在左边袖子中间找到一小块湿湿的地方。

年轻妈妈说："湿衣服不想穿，我把它变干好吗？""好！"孩子乖巧地说。

年轻妈妈让孩子闭上眼，一边用卫生纸吸去水分，一边念"变变变，衣服快变干"。之后，她让孩子张开眼睛，孩子再摸摸袖子，觉得不湿了，便满意地站了起来。

年轻妈妈继续追问："这长裤是谁的？"孩子说："我的。""摆这里要送人还是要穿上？""要穿上。"孩子说。

孩子主动拿起长裤让她为他穿上，满意地跑去玩了。

为什么父母会束手无策，而护士和另一位年轻的妈妈会在不经意间很好地把问题解决掉？其实很简单：这就是自传式沟通和同理心沟通的区别所在。

西方谚语"穿对方的鞋，才知痛在哪里"告诉我们，在做任何事之前，试着将自己的想法放下，真正设身处地站在孩子的立场，仔细地为孩子想一想，你就会发现，许多事情的沟通，会变得出乎意料的容易。到底什么是同理心沟通呢？难道只要设身处地就行了吗？其实，还不够！父母还必须把自己的体会表达出来。

走在回家的路上，3岁的姗姗带着刚从麦当劳的儿童游戏区回来的满足，愉快地牵着舅舅的手。走着走着，她突然望着他，轻轻地说："舅舅，遥遥用学步车撞我。"哇！好大的控诉！舅舅想，小孩子居然会告状。

望着姗姗无辜闪亮的小眼神，研究心理学的舅舅想起"同理心"的训练是了解、尊重与接纳对方的第一要素。他揣摩着自己是个3岁的小孩被撞的疼痛，于是，响应她："会痛是吧？""对呀，好痛耶！"

"真的，舅舅被撞的时候，也好痛。"的确，小孩的学步车，在你出其不意下撞过来，还真的有些痛！"真的？"姗姗仿佛明白了自己不是唯一的"受害者"。"你知道吗？你小时候坐学步

车也会不小心撞到舅舅，舅舅也会痛！"

"真的啊！嘻嘻……"从姗姗会意的眼眸中，舅舅知道，她真的懂了。

"真的，舅舅知道你小时候还小，不是故意撞我的。遥遥还小，也不是故意撞你的，你要不要原谅他？""对啊，遥遥还小，不是故意撞我的。舅舅，妈妈也说遥遥还小，要原谅他。"

"嗯！"他们继续踩着轻快的步伐回家去。回到家，姗姗立即和弟弟开心地玩成了一团。

~~~~~~~~~~~~~~~~~~~~~~~~~~~~~~~~~~~

所谓同理心就是在体会孩子感受的同时，把你的体会表达出来！

~~~~~~~~~~~~~~~~~~~~~~~~~~~~~~~~~~~

今天我们的知识面虽然越来越宽，我们思考一个问题时常可以天马行空。但是我们仍在抱怨，沟通的障碍不是消失而是增加。其实，所有的问题都是自传式的沟通所种下的苦果，父母们只知道从自我出发，而没有考虑孩子。

一直以来，父母与孩子之间的同理心，是沟通中最重要的，也是最容易被忽略的。父母都有自己既定的立场，习惯和执着在自身的领域当中，却忽视了孩子的固执。

人本心理学大师罗杰斯博士提出的同理心概念，可以帮助人类突破受苦经验，让自我更臻圆熟，让人际更添和谐的动力。在教育孩子的时候，如何正确运用"同理心"？

首先，要"设身处地"。先站在孩子的立场上去感受和体会，

"会痛""很难受""不舒服"等就是"我"心中的感受，即所谓的"感同身受"。

其次，在这基础上加以"表达"。"真的，叔叔被撞的时候，也好痛。""遇到这种情况，我也感到很难受。"要让孩子明白"我感同身受"。

只要有心，不管从大处还是小处都可以巧妙学习和运用同理心，不知不觉中父母就会变成沟通高手，亲子关系也会变得更加和谐。

最有效的倾听——同理心倾听

西方有句谚语："上帝给我们两只耳朵，却只给了一张嘴巴。"其用意就是要我们少说多听。善于倾听，是成功人士最基本的沟通技能，更是成功父母的秘诀。

一天，美国知名主持人林克莱特访问了一名小朋友，他问："你长大后想要当什么呀？"小朋友天真地回答："我想要当飞机驾驶员！"

林克莱特接着问："如果有一天，你的飞机飞到太平洋上空，所有的引擎都熄火了，你会怎么办？"小朋友想了想："我会先让飞机上的乘客都系好安全带，然后我挂上自己的降落伞跳下去。"

现场的观众听到这样的回答，一个个笑得东倒西歪。林克莱特继续看着这个孩子，想看他是不是自作聪明的家伙："为什么？"这时候，孩子的两行热泪夺眶而出，说："我要去拿燃料，我还要回来！"

你听懂孩子的意思了吗？当孩子还没有将自己的意见表达清楚的时候，观众自然会发笑；可是如果我们能够接着往下听，就会对孩子的想法肃然起敬，原来孩子之所以要先跳下去，并不是一个人逃命，而是为了救大家。这就是有效倾听的真谛！

善于倾听是沟通成功的出发点，一次成功的沟通，最有用的两项能力：一项是洗耳恭听，另一项是能说善道。而成功沟通最难的部分并不是如何表达自己的意见或观点，而在于如何听出孩子的意思。

对于很多父母来说，倾听是沟通中最容易被忽视的部分，著名政治家丘吉尔曾经说过："站起来发言需要勇气，而坐下来倾听，也需要勇气。"可以说，听是除了呼吸之外，我们最常做的一件事。然而，真正懂得倾听的人却还不到25%，真正懂得倾听的父母更是少之又少。父母要有坐下来倾听孩子诉说的勇气，学会倾听是父母与孩子成功沟通的第一步。

有效倾听与单纯地听是不同的：听是一种行为、一种生理反应，仅仅是一种对声音的感知；而倾听则是一种艺术、一种心智和一种情绪的技巧，是一种积极主动的行为。倾听者会参与到对方的表达中，一方面要理解孩子的意愿，另一方面还要就这种理解与孩子共鸣。

可是在我们身边，很多家长误认为听是一种被动的行为，这是错误的。有效倾听不是消极的行为，而是积极的行为。善于倾听，对于任何方式的沟通都是重要的。是否善于倾听决定着沟通的成败。

1. 倾听的五个层次

第一层是"听而不闻"。

当孩子说话的时候，家长一副心不在焉的神情，只沉迷在自己的世界，孩子的话如同耳边风，完全没有听进去。

第二层是"假装倾听"。

孩子说话的时候，有些家长会用"嗯""喔""好""哎"做出

反应，其实这也是一种心不在焉；有时也可能会用身体语言假装在听，甚至重复别人的语句当作回应。

第三层是"选择性倾听"。

有些家长会用"哦，我想起来了，让我告诉你……""我也有同感……"之类的话应付孩子。不可否认，这种方式确实能够应付孩子，可是这样的家长一般都会过分沉迷于自己所喜欢的话题，只留心倾听自己感兴趣的部分，与自己意思相左的内容一概自动消音过滤掉。

第四层是"专注地倾听"。

要专心倾听确实要花费不少精力，可惜始终是从自己的角度出发。有些沟通技巧的训练会强调"主动式""回应式"的聆听，以复述对方的话表示确实听到。采用这种方式即使每句话都进入大脑，但是否都能听出说者的本意、真意，依然值得怀疑。

用耳朵听；

用眼睛看；

用心聆听！

第五层是"同理心倾听"。

就是撇下自己的观点，进入他人的角度和心灵去倾听。同理心倾听的出发点是为了"了解"对方，也就是通过交流去了解别人的观念、感受。要想做到这一点，就要做到"五到"：耳到、口到、手到、眼到、心到。当父母能用同理心去倾听孩子说话时，就会让孩子得到心理上的极大满足。

有位父亲抱怨说："我不了解儿子，他完全不肯听我的话！"

我说："你不了解儿子，就是因为他不听你的话？"

"对呀，就是那样。"我重复了一次这位父亲所说的话："你不了解儿子，因他不听你的话，那使你非常沮丧。"

"对，对！""你不了解。"

"你为什么老是重复这点？""你想要了解别人，你得先聆听他们。"

"对呀，我了解我儿子，我明白他。我是过来人，所以明白他说的话。"

其实，这位父亲一点也不了解！没有人拥有相同的经历，每个人的生命都是独一无二的。在我们的生活中太多父母不会同理心倾听，而是像上面这位父亲一样的自传式。

下面是孩子与父母的一段对话，让我们感受一下什么是同理心倾听：

孩子："爸，我的意思是上学非常重要，它决定一个人将来的前途。"

……

孩子："爸，我实在不知道，要面对的问题很多，有时实在使人无所适从。"

爸爸："我感觉到你在担心……"

孩子："爸，我的意思是，我看不见出路。"（孩子非常绝望。）

……

孩子："你看得见出路吗，爸？"

爸爸："你要求我帮忙，希望找到出路……补习班怎么样？"

孩子："我想过参加补习班！每周两晚，周六全日！"

爸爸："如果有用的话，你愿意作出牺牲。"

孩子："是的，我会。你认为有用吗？"

爸爸："你想要我的意见？"

孩子："是的，爸！"

爸爸："我认为有用，让我给你解释……"

当我们理解并掌握同理心倾听后，我们便知道在沟通时该如何作同理心的回应了，从而让沟通更有效。

2. 同理心回应的四个步骤

（1）复述句子。

（2）重整内容。把孩子字句的意思用新的字句说出来，但必须忠于孩子原来的意思。

（3）反映感受。当孩子受伤、痛苦、挫败、快乐、宽慰的时候，不仅要用心和眼睛来倾听，还要重视肢体语言的运用，要设身处地地站在孩子的立场想问题。

（4）保持静默。孩子可以感受到你和他在一起，当孩子感到被了解时，孩子也知道"你是因为了解他，才采取这种做法"。

不伤自尊的有效批评

美国《读者文摘》上曾刊登过这样一个笑话：

> 丈夫找不到自己想要的东西，叫太太来帮忙。太太一眼就发现了，于是指着丈夫的眼睛说："上帝给你这么好的东西，你不用。"
>
> 丈夫笑笑，指着太太说："上帝给我这么好的太太，我正在用。"

试问，笑话中的太太即使当时再忙，听到这句话是不是也会很开心？

掌握说话的技巧其实不难，重要的是要真诚地关怀，家长对孩子说话完全可以急话缓说、坏话好说、狠话柔说、大话小说、气话不说。尤其要记住一点：可以说孩子的不是，但不能伤害孩子的自尊。

> 一天晚上，太太拿电话账单给海德看："瞧瞧，儿子在我们去英国的时候，打了多少长途电话？仅这一天，就打了1小时40分钟。""什么？这还得了！"海德立刻站起来，准备上楼指责孩子。
>
> 刚站起来，海德又坐下了。他想：自己在气头上，最好还

是先别说。而且，儿子这么大了，要说，也得有点技巧。

第二天中午吃饭的时候，海德对儿子笑着说："你马上就要回学校了，查查资料，找家长途话费最低的电话公司。"然后，又来了个急转弯，"咳！其实你读博士那么忙，恐怕也没有时间打电话，我是多操心了。"

"是啊，是啊，"儿子不好意思地说，"你是不是看到了我上个月的电话账单？前段时间因为要回纽约，需要联系的事情比较多，确实打多了。"

上述故事中，海德把"省钱，少打电话，别误了功课"这些话，换种方法说了出来，而且没发生一点不愉快。

永远不要伤害孩子的自尊！

在美国，小学会教家长怎样对孩子说话。孩子的美术作品不够好，你不能说"你画坏了"，要说："你想想，是不是还能改进些？"当孩子的功课做错了，不要说"你错了"，可以委婉地说："检查一下，看看有没有在用老师指导的方法去做？"

学校的老师会告诉你："永远不能伤害孩子的自尊，在孩子成长的过程中，如果你能用正面思考的方式对待他，他将来也会以正面的方式对待别人；相反，如果他从小接触的就是恶意的、否定的言词，将来他也会以负面的思考方式来看这个世界。"

说话是一门艺术，批评更是一门大学问。在不得不使用批评时，父母一定要慎重。那么，如何才能在批评的同时不伤害孩子自尊心呢？这里给大家介绍几个技巧：

1. 想一想，是否有必要批评

如果要批评孩子，首先要想一想，是否有必要批评。如果批评了孩子却不会有什么效果，倒不如不批评；如果批评后会产生反面影响，也不如不批评。

2. 选择适当的场合

批评孩子的时候要选择适当的场合，尽量不要当着外人的面批评孩子；如果在人多的地方批评，有可能会激起矛盾。

3. 批评孩子的时候小声一点

批评孩子的时候，家长要放低声音。事实证明，"低而有力"的声音，不仅会引起孩子的注意，还容易使孩子注意倾听你说的话。这种低声的"冷处理"，往往比大声训斥的效果要好。

4. 保持沉默会起到不错的效果

孩子做错了事之后，一般都会担心父母责备他，如果正如他所想的，孩子反而会有一种"如释重负"的感觉，对批评和自己所犯过错也就不以为然了；相反，如果父母保持沉默，孩子的心理反而会紧张，会感到"不自在"，进而反省自己的错误。

5. 给孩子暗示，维护孩子的自尊心

孩子犯有过失之后，如果家长能心平气和地对孩子进行启发，不直接批评他的过失，孩子就会很快明白家长的用意，愿意接受家长的批评和教育，孩子的自尊心也得以维护。

6. 教孩子换个立场思考问题

惹了麻烦之后，为了逃避父母的责骂，有些孩子会把责任推到他人身上。此时最有效的方法是，当孩子强辩是别人的过错，跟自己没关系时，问他一句："如果你是那个人，你会怎么解释?"这样，就会使孩子思考"如果自己是别人，该说些什么"，从而促使孩子发现自己的过错，并促使他反省自己把所有责任嫁祸他人的错误。

7. 适时适度，不能拖拉

破坏性的批评是扼杀孩子自尊心和自信心的杀手!

孩子的时间观念一般都比较差，昨天发生的事，仿佛已经过了好些天了；再加上孩子天性好玩，刚犯的错误转眼就忘了。因此，家长批评孩子的时候要趁热打铁，不能拖拉，否则就起不到应有的教育作用了。

8. 每次只集中于一种行为

每次批评孩子的时候，只集中于当前的一种错误行为，不要把过去孩子的缺点、错误统统搅和在一起，更不能一说起来就翻旧账。

9. 杜绝用破坏性的批评

破坏性的批评是扼杀孩子自尊心和自信心的最重要的杀手。这是高压线，家长尽量不要触及。很多家长认为批评是为孩子好，是为了改正孩子的缺点。其实，破坏性的批评带来的结果与希望它达到的效果完全相反，反而会让孩子把缺点固定下来，会扼杀孩子成长的动力，会让孩子的自尊心丧失殆尽。

☆沟通是一门艺术，对父母与孩子之间来说，更是如此。事实证明，在不同的情况下，采用不同的沟通方式，会取得不同效果。

☆父母与孩子之间由于遗传和生活环境几乎相同，孩子的沟通风格往往与父母的沟通风格比较接近，如果不进行适当的调整，很容易出现针尖对麦芒的状况，让沟通陷入困境。

☆只要有心，不管从大处还是小处都可以巧妙学习和运用同理心，不知不觉中父母就会变成沟通高手，亲子关系也会变得更加和谐。

☆善于倾听，对于任何方式的沟通都是重要的，是否善于倾听决定着沟通的成败。

☆说话是一门艺术，批评更是一门大学问。在不得不使用批评时，父母一定要慎重。

秘诀5 善诱的引导

　　与其滔滔不绝给孩子"灌输"道理，不如循循善诱地"引导"孩子。当父母将深奥的哲理采用形象的比喻、生动的故事、真实的体验表述时，会增加语言的感染力和说服力，会让孩子自己去思索、回味。

让孩子在体验中接受

俗话说得好："吃一堑，长一智！"给孩子讲道理，不如让孩子自己去体会一遍；让孩子亲自体验，得出自己真实的感受，比父母枯燥的说教、灌输更有效！

一位父亲准备带儿子到高山滑雪场滑雪。儿子只溜过冰，从来都没有滑过雪，这是第一次，所以一听说要去滑雪就开始跃跃欲试了。他们要去正规的高山滑雪场，接受一小时的正规训练，戴上帽子和手套，坐缆车上顶，站在雪橇上往下滑……一想起这个，孩子就激动万分！可是不巧的是，四天前儿子得了重感冒，吃了几天药，都没有完全康复，即便如此，他仍还是决定照常去滑雪。

几年前，父亲到北卡罗纳州的高山滑雪场滑过雪，有过一定的经验和教训。于是，他告诉儿子："滑雪是一种既冷又热的运动，因为平地的雪容易融化，一般滑雪都要到常年下雪的高山上去，所以说'冷'。你在电视里看别人滑雪很轻松，可是你

137

亲自去试一试，就知道什么叫'摔'得一身大汗了，因此说'热'。出汗后，再摔到雪上，汗水中含着雪水，又冷又热，不太好受。特别是滑完后，如果不换上一套干衣服，会很不舒服，甚至会加重病情。"

儿子正处于青春逆反期，大人的话还没说出口，他就在心里本能地表示反对了。无论父亲怎么说，儿子就是不愿多带一套衣服。父亲把道理说清楚后，看儿子仍不愿带，决定就由他去，让儿子自己体验那又冷又热的感觉。

果然，儿子到了滑雪场后，不仅摔了好多跤，还将衣服弄得有点湿，由于没带干衣服，只好就这样晾着。回到家后，儿子倒头就睡，结果晚上就发了高烧。

几天后，父亲和儿子聊到滑雪的感觉，儿子生动地描绘了自己又"冷"又"热"的感觉。尽管没明说下次一定要多带套衣服，但父亲相信，如果下次再去高山滑雪场滑雪，一定不需要自己再多费口舌了。

今天，很多家长都习惯于对孩子说："我说了这么多遍了，你怎么还不明白？"其实，说一百遍不如让他做一遍。现在，大多数孩子都是独生子女，他们听别人说的多，自己体验的少。任何人都不能代替孩子的成长，谁也不能代替孩子体验，孩子需要在体验中长大。

一天，班长向老师报告说："在教室后面的草丛苔见里有许多鸡蛋。"老师走过去一看，数了数，竟然有 40 个熟鸡蛋，有的已经发臭了。老师知道，这些都是学生丢的。看着这 40 个熟鸡蛋，老师久久不能平静。她思索着如何解决这 40 个熟鸡蛋的问题，是去跟学生说"一粥一饭，当思来之不易"，还是在课堂上大声训斥他们一顿？似乎都会显得苍白无力。

第二天，在思想品德课上，老师拎着这 40 个鸡蛋，在黑板上出了道数学题：

40 个鸡蛋 =（ ）支铅笔

40 个鸡蛋 =（ ）块橡皮

40 个鸡蛋 =（ ）本练习本

……

学生们看了看这些鸡蛋，又看看黑板，面面相觑。老师说："可以回去和父母一起做。"

第二天，学生们将作业交了上来：

40 个鸡蛋 =（50）支铅笔

40 个鸡蛋 =（40）块橡皮

40 个鸡蛋 =（53）本练习本

……

面对这些数字，学生们发出了"啊"的惊呼声。老师没有就此打住，而是建议学生利用课余时间一起攒钱购买 50 支铅笔、40 块橡皮、53 本练习本。很快学生们便忙开了，有的收集易拉罐，有的捡矿泉水瓶，有的捡废纸……在这过程中，学生的心理出现了一点一滴的变化。

学生们把 50 支铅笔、40 块橡皮、53 本练习本交到老师手

里。老师再次召开了班会，孩子纷纷倒出了自己的心声——"累"！但是，苦累交加，孩子也明白了粮食来之不易、不能浪费粮食的道理。

不可否认，将父母说教、灌输的"知"引到让孩子自己"行"的体验，能使孩子感知和接受更多东西。

如果有些事情是不可逆的，无法让孩子亲身体验到，家长可以采用模拟情景的方式让孩子体验，这里就给大家介绍常用的几种情景体验法。

1. 角色模拟法

所谓角色模拟，就是让孩子以他人的身份、视角进入设定的事件和设定的环境中去体验，让孩子感受到平时不易遇到但未来可能会出现的情况。

2. 问答法

家长出题，让孩子按照题目的要求，结合自己的行动加以实践，以问答的形式进行交流。

3. 评议法

设置一种情景，让孩子进行讨论和评析。一边评议，一边让孩子知道：哪些是好的，哪些是不好的？为什么？怎么办？

4. 绘画法

根据孩子的兴趣和爱好，让孩子在绘画中体验。

5. 辩论法

孩子与家长一起就某一特定的情景问题各自发表意见，经过紧张、热烈的辩论后，得出正确的结论，提高认识。

6. 写体会法

让孩子就某一情景写出自己的体会，深刻理解自己的行为规范，提高道德评价水平。

用比喻说大道理

有个"用四个手指代替五个手指"的故事：

乔治·康贝尔一出生便双目失明，他患有先天性白内障，看不到任何东西，无法治愈。

在乔治6岁的时候，他和同伴一起玩耍。同伴忘记了乔治是瞎子，抛了个球给他说："当心！球要击中你了！"乔治没有受伤，但感觉迷惑不解。这时，母亲觉得必须要告诉他："你是瞎子。"

母亲走近他，温柔地说："乔治，坐下！我不可能向你解释清楚，你也不可能理解清楚，但是我会努力用这种方式来解释这件事。"母亲同情地把他的一只小手握在手中，开始计算手指头："1，2，3，4，5，这些手指代表着人的五种感觉。这个手指代表听觉，这个手指代表触觉，这个手指代表嗅觉，这个手指代表味觉，这个手指代表视觉。这五种感觉中的每一种都能传送到你的大脑。"

母亲把那代表视觉的手指弯曲起来，按住，使它处在乔治的手心里："乔治，你和别的孩子不一样，因为你仅用了四种感觉，你没有使用视觉。现在我要给你一样东西，你站起来。"

乔治站了起来，母亲把球给他："现在，伸出你的手，就像你将抓住这个球一样。"乔治伸出了他的一双手，手触到了球；

之后，他就把手指合拢，抓住了球。

"好，好。"母亲说，"不要忘了刚才所做的事，乔治，你能用四个而不是五个手指抓住球。如果你不断努力，你也能用四种感觉代替五种感觉，抓住丰富而幸福的生活。"

"用四个手指代替五个手指"的信条，乔治一辈子都没有忘记，每当他由于生理障碍而感到沮丧的时候，他就会用这个信条支撑自己幸福地生活下去。

乔治的母亲用一个生动的比喻，将深奥的人生哲理说得明明白白。生活中有许多深奥的道理很难说明白，尤其是对孩子，空洞的大道理往往显得苍白无力。如果家长懂得运用一些比喻的妙用，孩子理解起来也就容易了。

将深奥的哲理用生动的比喻表述时，孩子会明明白白、轻轻松松地接受。

女孩经常会发出对生活的抱怨，抱怨事事都那么艰难，不知该如何应对生活，想要自暴自弃了。她厌倦了抗争和奋斗，好像一个问题刚解决，新的问题就又出现了。

女孩的父亲是位厨师，文化水平不高，不知道如何向女儿讲清道理。于是，他把女儿带进了厨房。他先往三只锅里倒入了一些水，然后把它们放在旺火上烧。很快，锅里的水便烧开

了。然后，他往第一只锅里放了一些胡萝卜，第二只锅里放了几个鸡蛋，第三只锅里放入了一些咖啡……他将它们浸入开水中煮，一句话也没有说。

女儿咂咂嘴，不耐烦地等待着。大约20分钟后，父亲把火关闭，把胡萝卜捞出来放入一个碗内，把鸡蛋捞出来放入另一个碗内，然后又把咖啡舀到了一个杯子里。做完这些，他才转过身问女儿："宝贝，你看见什么了？""胡萝卜、鸡蛋、咖啡！"

父亲让女儿靠近些，并让她用手摸摸胡萝卜。女儿摸了摸，说："变软了。"父亲又让女儿拿一只鸡蛋并打破它，一只煮熟的鸡蛋出现在眼前。最后，品尝到了香浓的咖啡，女儿笑了。女儿怯生生地问道："爸爸，这是什么意思？"

父亲解释说，这三种东西面临的都是煮沸的开水，但其反应各不相同。胡萝卜入锅之前是强壮的、结实的，可是被开水煮过之后，就变软了、变弱了；鸡蛋原来是易碎的，可是开水一煮，就变硬了；咖啡进入沸水之后，反而让水发生了改变。

父亲顿了顿，问女儿："哪个是你呢？当你遇到问题的时候，该怎么做？你是胡萝卜，是鸡蛋，还是咖啡？"女儿理解地点了点头。从那以后，不管是遭遇什么痛苦或逆境，她都不再畏缩，不再软弱，坚强了很多。

的确！当父母将深奥的哲理采用生动的比喻表述时，孩子就会明明白白、轻轻松松地接受，甚至终生难忘。

去学校接女儿时，女儿兴奋地告诉爸爸："我考了第三名！"

爸爸表扬了她。看到女儿神采飞扬的样子，爸爸给她讲了个故事：

有一只小老鼠外出旅游，遇到两个孩子在下兽棋。小老鼠就悄悄地看着，结果发现了个大秘密——虽然兽棋中的老鼠可以被猫吃掉、被狼吃掉、被虎吃掉，却可以战胜大象。于是，它立刻认定，只有老鼠才是真正的百兽之王！这么一想，小老鼠就飘飘然起来。

一天夜里，小老鼠在黑暗中钻进了大象的鼻子。大象感觉鼻子痒痒的，打了个喷嚏，小老鼠立刻像出膛炮弹似的飞了出去。它这样飞呀飞呀，过了好长时间，才"扑通"一声掉进了一个臭水坑。

女儿，知道"臭"字怎么写吗？"自""大"再加一点就是"臭"……

说到这儿，爸爸看了看女儿。女儿自信满满地说："放心吧，老爸，你女儿永远都不会做小老鼠的。"听了女儿的话，爸爸会心地笑了。

运用比喻说理，能把抽象的道理说得更具体，能让深奥的哲理变得更加浅显易懂；用生动鲜明的比喻启发孩子思考，可以让孩子冷静思考而豁然顿悟，逐渐说服孩子。因此，在沟通中，与其滔滔不绝给孩子灌输道理，不如引用有说服力的形象比喻，以此来增加语言的感染力和说服力，让孩子自己去思索、回味，让孩子自己得出正确的答案。

讲故事胜于讲道理

曾经看到过这样一则故事：

教高等数学的老师是个哲学家。

在学生即将毕业的时候，所有的老师都祝愿他们以后事业有成，但数学老师却在最后的一堂课上说："我们随便聊聊吧。"

下午阳光很好，阳光从梧桐叶间抛洒下来，数学老师指着一束阳光，问："你们看到的阳光是现在的吗？"学生们回答："当然是现在的阳光。"老师说："错！太阳是距离地球最近的恒星，他发出的光线需要走 8 分钟才能到达地球。我们现在所见到的阳光，是太阳 8 分钟之前发出的，而不是现在。"

学生茫然，数学老师继续说："我们所看到的天空，都不是现在的样子。我们此刻见到的是 10 年之前的天狼星，27 年前的牛郎星和织女星，8 万光年之外的外星系。而现在的天狼星，我们在 10 年后才能知道，现在的牛郎织女星要在 27 年后才知道，最远的外星系要在 8 万年之后……同学们，人生就像天际边的一颗恒星，我希望你们从现在开始，努力发光。10 年后，20 年后，我就能见到你们最亮丽的人生了……"

从来没有一种经历能像这堂课这么让人刻骨铭心。学生们明白了，人生就是天穹中的星星，要想让自己拥有最美好、最灿烂的未来，现在就得努力。

对于这个故事，我给自己的学生讲过很多遍，也给女儿讲过。我发现，讲故事比讲道理更能让听者接受，更有效！因此，我收集了很多故事，为女儿买了故事书，很多道理孩子自己一看就懂，有时还反过来讲给我听，让我也受教育。

如果用日常的言语给孩子讲道理，孩子很可能会听不懂或不甚明白，甚至抗拒。这时候，用孩子听得懂的语言与他们对话，用他们喜欢的方式与他们进行沟通，用有寓意的故事来给他们说道理，会产生意想不到的效果。

故事有角色、有情节、有情感，在恰当的时间讲恰当的故事，可以化呆板的、机械的"说教"为生动的、无声的教育，让孩子在不知不觉中积累知识，丰富情感，更受到震撼心灵的教育。

不可否认，让故事说话，运用讲故事的方式对孩子进行教育不失为一种"润物细无声"的诗化沟通。那么，怎样运用讲故事的方式进行教育呢？

1. 故事的选择要有针对性

面对一个教育现象和问题时，可以选择的故事有许多。这时候，就要注意故事选择的针对性，针对这一现象和问题选择一个恰当的故事。

首先，明确想要解决的问题是什么，选择一个最能表达这个主题的故事。有些故事从不同的角度理解，会出现不同的答案，故事反映的主题可能有多个。孩子听到了这样的故事，可能会产生多种

理解，就会大大降低故事的教育效果。因此，选择故事的时候，要尽量避免这类具有多义性的故事，要选择一些主题较为单一的故事。

其次，要针对孩子的年龄特点选择故事。不同年龄段的孩子，身心发展的水平是不同的，选择故事的时候要针对孩子的年龄特点，尊重孩子已有的知识经验。对于低年级的孩子，可以选用一些童话、寓言故事进行教育，如守株待兔、龟兔赛跑等；如果孩子升入了高年级，有了一定的知识经验，理解能力也较强，可以讲一些名人故事和蕴含哲理的故事，如毛泽东、鲁迅、海伦·凯勒等名人的故事，但选用的名人最好是孩子所了解的，如果孩子对故事中的名人一无所知，教育效果就会大打折扣。

2. 故事的篇幅要短小

运用讲故事的方式对孩子进行教育时，一般采用的是口述的方式，如果讲的时间过长，孩子注意力不能有效集中，就会影响孩子对于故事主题的理解。因此，故事的篇幅一定不能过长。可以选择一些短小而精悍的故事，也可以对故事进行一些巧妙的修改，省略掉与中心思想关系不大的内容。

3. 故事的内容要有真实性

对于一个故事，如果孩子听起来就感觉是假的，感觉到是家长随意捏造的，那么教育的效果可想而知。因此，选择的故事必须内容真实、可信。

首先，可以选择身边的真人真事。在我们的身边，有许多生动、典型、富有教育意义的故事。这些身边的人或事，孩子一般都比较了解和熟悉，也倍感亲切，可信度较高。孩子听完这些故事后就会留下比较深刻的感受，更容易让孩子产生认同感，更具说服力。

其次，准确指出故事发生的时间和地点。尽管有些故事发生在其他地方甚至是国外，可是如果家长在讲故事时，能准确说出故事发生的时间和地点、故事的来源等相关信息，同样可以让孩子信服，达到较为理想的教育效果。

最后，尽量舍弃怪诞、神话等故事。如果故事虚构成分较多、过于荒诞夸张，虽然也有一定的教育意义，但依然不适合用来教育孩子。这类故事容易出现副作用，会让孩子形成错误的认识。

4. 故事的演讲要有感召力

一则故事，只有通过精彩的演讲才能将最佳的教育效果表达出来。如何让自己的演讲具有感召力呢？

首先，讲故事前，要备"故事"。在给孩子讲故事之前，家长要准备充分，熟悉故事的内容，对故事的精彩部分和点明主题的部分做到了如指掌。这样，演讲时才能做到心中有数、有的放矢。

其次，讲故事时，要融入感情。家长讲述故事时，必须融入自己的感情，用感情吸引孩子，可以如秋日私语般娓娓道来，也可以如波涛汹涌般慷慨陈词，掷地有声。一旦孩子融入了父母所创造的故事情境中，就能取得最佳的效果，具有强烈的震撼力。

最后，故事结尾，要篇末点题。在故事的结尾，不要忘了把故事的中心思想揭示出来，让孩子有所领悟。这样孩子就能把故事本身与教育目的两者紧密地结合起来，增强故事的教育效果。

遵循学习循环理论

来看一段父子的对话:

"孩子, 今天上课学什么了?"

"什么都没学。"

"怎么回事?"

"我一整天都在听老师讲课!"

再来看一位英语老师的教学体会:

学习 "The season" 时, 老师让学生先将自己所想象的一年四季画出来, 然后再让他们用英语描述出四季, 在画画、描述中, 学生们感到快乐无穷。

学习 "Amazing things" 时, 老师先让学生从网上观看飞碟实况录像, 后来又要求学生从网上下载吉尼斯大全中自己认为令人吃惊的事, 结果学生热情高涨, 将课程推向了高潮。

……

兴趣是有益学习的一种积极情绪, 不仅能促进语言知识的获得和技能的熟练, 还能不断增强学习的动力。学习的兴趣越浓, 学习的积极性就越高! 不可否认, 利用生动、幽默的语言, 具有时代感、知识性和趣味性较强的题材和内容, 会极大地提高孩子的好奇心,满足孩子的求知欲，令孩子产生学习的热情和兴趣。

兴趣是学习最好的老师，激发学习兴趣对提高学习效率是至关重要的，能起到事半功倍的效果。如果能把兴趣培养成为一种孩子学习的心理需要，就可以使孩子变"要我学"为"我要学"，逐渐养成自觉自愿、主动学习的习惯。

一位教育家曾说过："一个带着积极情感学习课程的学生，应当比那些缺乏热情、乐趣或兴趣的学生，或者比那些对学习材料感到恐惧和焦虑的学生，学得更加轻松、更加迅速。"

其实，西方心理学家大卫·戈尔在研究学习方式时早就提出了"学习循环"理论：

第一步，兴趣和动力。

第二步，提供信息。

第三步，加工处理。

第四步，得出结论。

第五步，渴望实践。

戈尔的学习循环理论，对于学习有着普遍的借鉴、启发和指导作用。就连非常枯燥的电路图教学，也会变得生动、有效：

据说，维修家电很简单，只要用工具将各个零件换换就可以了。可是，还真不见得，如果你不信，各位就修修看。

（修了一段时间之后）打开电路图，其实只要看一看电路图就知道了。（讲解与这个故障有关的电路图知识）

请大家再试试这几个问题。（提供电路图）

（解决掉几个故障，还有几个没解决）我们还需要了解关于电路图的其他知识。

大家再试着解决一下刚才几个没有解决的问题。

好！这里有几个关于电路图的学习资料，请大家回去自学。同时，还有一份自测题，自己做，但不要署名。下节课带来，我就知道哪些内容是需要讲解的重点了。

不成功的学习，对孩子来说，犹如过眼烟云，转眼就忘了。俗话说的"耳边风""左耳进，右耳出"，就是指枯燥乏味，连耳都进不去，根本不想听。

要想让孩子取得理想的学习效果，就要充分遵循学习的循环理论，善于利用学习的切入点，尤其要注重激发孩子的兴趣和动力，使孩子真正从内心产生出一种学习欲望，激发起孩子的热情和动力，彻底改变被动的心理状态，真正做到无抗拒的自我学习。

教育学家诺斯认为，学习分为儿童学习和成人学习，他说：训练儿童和训练成人有很大的分别。儿童的阅历一般都比较浅，分辨力比较差，所学的内容不加选择照收不误；而成人的人生经验通常都较为丰富，思想比较复杂，对学习的要求、学习的内容、教学的方法、学习的目的，以及能否达到学习的效果、怎样达到学习的效果等，都是经过仔细辨别和思考的，对学习的要求和期望较高。

今天，随着孩子心理成熟度的不断提高，孩子的成人心理也越来越明显，所以了解成人学习的特点并加以借鉴，对孩子的培训和学习是有好处的。

概括起来，成人学习有以下几个特点：

1. 成人只有在自己想学的时候才会学

强烈的自我学习愿望是学习最好的动力，有些人在工作的时候经常会说："没办法，是领导硬要我来的。"在这种情形下，学习效果肯定不会好。所以，作为家长，激发孩子学习的兴趣和动力是促进孩子学习的第一步。

2. 成人只学他们认为需要学的东西

成人学习一般都带有很强的目的性，如果是迫切需要的，他们会很乐意去学，这是其学习的主要动力之一。如果在工作中遇到了问题，他们就会主动学习，之后学以致用。

3. 成人在学习中喜欢运用过去的经验

成人拥有丰富的经验，喜欢将新的知识与旧的经验做比较，年纪越大，对新事物、新观念的接受态度就越谨慎，学习的抗拒力就大。老师灌输的越多，溢出的也就越多。因此，拥有学习的"空杯心态"是非常重要的。

4. 成人喜欢一边做，一边学

有人把人的五种感官和实践，形象地比喻为通向大脑的六个通道。其中，实践和视觉最为重要。所以，英国有句谚语："If I tell you，you will forget；If I show to you，you will remember；If I do with you，you will sure understand。"也就是说：你听见了会忘记，你看见了就记住了，你做了就明白了。听—看—做，是思维与行动的结合。

5. 成人在非正式的环境中学习最有效

成人喜欢受到尊重和重视，比小孩的自尊心更强，更讲"面

子"，喜欢听到积极和肯定的评价。成人如果在轻松、愉悦和友爱的环境下学习，更易于接受所学的知识，效果会更好。

6. 成人需要借助不同的学习手段

在整个学习过程中，成人会通过多种途径来吸收信息，他们的感官会得到更多样化的刺激，对所学的知识能够做出全方位的了解，印象更深刻。所以，在培养孩子的过程中，综合应用案例、经历、游戏、录像、图片、演练等效果会更好。

积极的心理暗示

暗示用得好，就像一阵润物无声的细雨，会悄悄滋润孩子稚嫩的心灵，对于培养孩子规范的举止、优良的品性、良好的习惯具有很重要的意义。要多给孩子一些积极的心理暗示。

在美国一本杂志上曾刊登过一份报告，主要讲的是在新泽西州一家电影院所进行的一次实验。在这次实验中，广告信息迅速地闪现在银幕上。这个实验用特殊的方法，把两则产品广告的信息闪现在银幕上，普通的肉眼根本就看不清。在接下来的六个星期中，到过电影院的4万多人不自觉地成为了实验对象。结果，六个星期后，一种产品的销售量上升了50%以上，另一种产品的销售量上升约20%。

这些广告信息虽然是看不见的，但它们仍然对许多观众产生了一定的作用。虽然它们给人的印象是飞逝而过，不能被观众有意识地记在心里，但在下意识心理的怂恿下观众却有能力吸收这些印象。这个实验告诉我们，下意识心理能帮助我们达到某种目的。

在赫德森的畅销书《心理现象规律》中，描述许多由心理实验报告所提出的动人故事，打动了成千上万的读者。而《思考致富》则更是激励了很多人运用自动暗示来获得财富。

著名的辛得立城可口可乐子公司前董事长威廉·维·麦克考尔

155

就是成功的实践者。他曾经说过："自觉的自动暗示是控制性的机构，个人可以通过它自愿地把他的下意识灌注到创造性的思想中，或者由于疏忽而允许破坏性的思想找到了道路，进入他心理中富裕的花园。你每天有感情地、全神贯注地高声朗读两遍从帮助你致富的书中抄下来的语句时，你就能使得你所期望的目的同你的下意识心理直接相近了。重复这个过程，你还会自觉自愿地形成思想习惯。这对你努力把愿望转变为现实是有好处的。"

人的心理是一个神奇、广阔、丰富、多彩的世界，具有一种神秘无穷的力量。现代医学已经证明：大脑可以将暗示的信息从下意识发送到有意识心理，并发送到身体的若干部分。心理暗示是一种无穷无尽的宝藏，在家庭教育中如果父母学会使用正确的、有意识的、积极的心理暗示，同样会取得出人意料的效果。

星期天，两个年轻妈妈分别带着自己的孩子在公园里玩耍。当看到美丽的蝴蝶在草地上追逐嬉戏时，两个孩子奔跑起来，可是由于跑得太急了，不小心都摔倒了。

妈妈甲看到这个情形，急忙跑过去，抱住孩子，心疼地说："乖，摔疼了吧？"听了妈妈的话，孩子"哇"的一声大哭起来："好疼！"

妈妈乙也走到了孩子的身边，轻轻地说："没关系，自己爬起来。"孩子若无其事地爬起来，又继续奔跑着玩去了。

同样是摔跤，为什么有的孩子显得脆弱娇气，有的孩子却表现得坚强勇敢呢？这跟两位妈妈不同的表现有关。妈妈甲紧张不安的态度会让孩子得到这样的暗示：摔跤是很疼的！这样就在心理上增加了孩子的疼痛感，使孩子变得娇嫩，这是消极的暗示；而妈妈乙却用淡然平静的态度来应对，这就告诉孩子：摔跤没什么大不了，要勇敢爬起来，这是积极的暗示。

暗示是一种通过语言、手势、表情等施加心理影响的过程，可以使受暗示的人在心境、情绪、兴趣、意志方面发生变化。通过这样的教育，可以在潜移默化、不知不觉中让孩子稚嫩的心灵受到影响，积极的心理暗示带给孩子的是积极的认识和体验。

与说理教育相比，暗示教育不仅能融洽父母与孩子之间的关系，还可以避免说理教育给孩子带来的压抑感和逆反心理，让孩子在无形中养成良好的道德认识、行为举止和坚强的情感意志。调查显示，大多数在品质、意识和智力方面有杰出表现的人，年幼的时期都感受过来自家长的积极暗示。

孩子在心理上一般都容易接受暗示，可塑性很强，所以，家长要善于利用积极的心理暗示，避免消极的心理暗示。家长可以从下列两个方面对孩子进行积极的心理暗示：

1. 语言暗示

语言暗示，有很多种暗示方法，常用的有以下三种：

一是设喻法。教育孩子时，给孩子讲道理，不一定要直白地说出来，有时可以通过设喻、讲故事、做游戏、角色体验等方式启发孩子，让孩子从中懂得道理，实现教育目的。

二是对比法。在纠正孩子的错误时，可以采用对比的方式，给孩子树立榜样，利用榜样的力量感染孩子，使其不断进步。注意要

恰当运用暗示性对比，不要伤害了孩子的自尊心。

三是激将法。好胜心强是孩子的天性，生活中可以用暗示性的语言激起孩子的好胜心，往往能起到事半功倍的效果，促使他很快地去完成某项事情或达到某种要求。

2. 非语言暗示

非语言暗示主要通过以下两个方面来体现：

一是神态表情。神态表情是人心灵和内在情感的直接表现，家长可以借助神态表情给孩子积极的暗示。孩子独立完成一件事时，可以给孩子赞赏、肯定的眼神，让孩子体会到成功的愉悦；孩子遇到挫折时，可以报以孩子鼓励、安慰、爱抚的目光，让孩子感受到勇气和力量。这些饱含情感和爱的积极暗示，能对孩子产生更大的影响。

二是行为举止。家长是孩子的第一任老师，他们的一举一动都时刻影响着孩子，为孩子所效仿。家长自觉排队，可以用行为暗示孩子，插队的人是不受欢迎的；在公共场所不随地乱丢果皮纸屑，也会让孩子学会自觉把垃圾丢到垃圾桶里……家长良好的行为举止都会在潜移默化中暗示孩子正确的道德和行为规范。

鼓励孩子大胆尝试

鼓励不仅能增强孩子的自信，还能有效地激励孩子不断尝试，勇敢地面对困难和挫折，从而开创自己成功的人生。在日常生活中，有些父母对孩子的教导，总是充满了不满和指责。可是，在孩子的成长过程中，要不断地探索周围的世界，要学会很多原本不会的东西，要战胜无数的困难，而能够支持他们不断前进的，少不了家长的肯定和鼓励。

一次，我去看望一位同学。刚一进门，就听到同学惊恐地大叫："小鹏！小心点！不要弄伤了手！"原来，4 岁的小鹏正打算帮妈妈收拾桌子，他刚拿起桌子上的一只玻璃杯，就遭到了妈妈"善意"的提醒。"你会把杯子摔破的，割到手指，会很疼的。"同学一边说，一边夺下小鹏手中的杯子。小鹏悻悻地走出了房间。

看到这一幕，我提醒她："你这样可不行，会伤到孩子的自尊心的！"同学疑惑地问道："什么？自尊心？小孩子有什么自尊心？"我解释说："你的做法明显是不相信小鹏的能力，他一定会认为你是在小看他，觉得他没有能力做好这件事情。"

同学笑了笑说："哦，你也太多心了。我不是小看他，而是想要保护他，不希望他受到不必要的伤害。""但是，小鹏肯定

会觉得沮丧。""这怎么可能呢?"同学不相信我。

我看了同学一眼,轻轻地敲开了小鹏的房门。小鹏正低头坐在床上。"小鹏,你这是怎么了?"同学问道。"妈妈,我是不是很没用,一点小事都做不好。"小鹏抬起头,小声说道。

同学愣住了,她惊奇地看了我一眼,好像奇怪我为什么会知道小鹏的感受。我轻轻地拍了拍同学的肩膀,示意她好好与孩子谈一下。

在成长的道路上,孩子必然要尝试许多事情。在不断的尝试中,他才会获得成功的欢乐与生活的体验。如果出于保护孩子的目的,剥夺了孩子尝试的权利,那么孩子就永远无法获得成功、取得进步了,也就会越来越没有自信。

在孩子尝试做某件事情的时候,父母首先要用赏识的眼光欣赏孩子,然后不断鼓励孩子大胆尝试,去获取成功的经验。有时候,父母甚至需要引导孩子尝试新鲜事物。

星期天,鹏鹏跟着爸爸妈妈一起去游乐场玩。鹏鹏看着荡来荡去的秋千,觉得很好奇,爸爸把他抱到了秋千上。刚坐上秋千,秋千就摇晃起来,鹏鹏吓得大叫:"爸爸,我要下去!"

妈妈一阵紧张,急忙走上前说:"多危险呀,你赶紧抱他下来吧!"但是,爸爸却没有这样做,他对鹏鹏说:"抓住两边的绳子,就不会掉下来了。"

"不,我害怕!"鹏鹏蜷缩着身子,一动也不敢动。"那好吧,我抱你下来。但是,我可要先玩一会儿了!"说着,爸爸把鹏鹏抱了下来，自己却坐了上去。他抓住绳子，来回晃动几下，秋千就摇荡起来，不一会儿就荡得很高了。

"爸爸，你真厉害！"鹏鹏看到爸爸荡得这么高，高兴地欢呼起来，并露出了羡慕的神情。爸爸见儿子心动了，于是说："要不，你再来试试？"鹏鹏同意了。

这一次，鹏鹏虽然有点害怕，但是依然坐在坐板上不住地扭着身体，希望把秋千荡起来。他的动作十分滑稽，秋千也没有荡起来。妈妈看着鹏鹏滑稽的动作，哈哈大笑起来："宝贝，你这是在荡秋千吗？屁股下是不是有钉子！"鹏鹏一听这话，似乎有点泄气。

这时，爸爸连忙说："刚开始荡秋千的时候都是这样的。儿子做得不错，一会儿就会荡起来的。"妈妈听出了爸爸话里的意思，明白了，急忙说道："哦，我想起来了，第一次荡秋千的时候就是这个样子。"鹏鹏听到妈妈这么说，一下子就来劲了："那我再用力荡几下！"

爸爸及时鼓励道："第一次荡秋千的时候人们都很害怕，其实只要紧紧抓住绳子，是不会摔下来的。"鹏鹏的秋千渐渐荡起来了。爸爸微笑地说："我相信你一定能荡得很好的。"

"真的吗？"鹏鹏显得很高兴，秋千已经随着他的动作摇荡了起来。

每个孩子在尝试做一件事情的时候，都会出现一定的恐惧心理，害怕自己做不好。这时，如果父母出于保护孩子的目的，说"算了，

多危险，不要做了""你不能做这个，太危险了"……孩子的尝试愿望就会被父母的呵斥赶跑。如果父母对孩子说"没事，来试试吧，但是要注意……"，鼓励孩子尝试，教给孩子必要的防护方法和知识，就可以防止孩子出现一些不必要的伤害。

孩子在尝试的过程中，如果表现出缺乏自信，父母可以拿自己与孩子相比，尽管父母会比孩子强，但是如果善意地对孩子说"孩子，你比我强多了"，却能够对孩子起到一定的鼓励作用，给孩子带来极大的信心。

当孩子表现出想尝试某件事情的时候，可以鼓励他说："真棒！许多孩子都不会做这件事呢！"还可以说："做得不错，爸爸第一次做的时候可没你做得好，你比爸爸强多了！"相信孩子这时能够鼓起极大的信心和勇气。尽管孩子做得并不好，作为父母，也应该对孩子说："真行，第一次就可以做得这么好！下次一定可以做得更好！"

养成寄语

☆现在，大多数孩子都是独生子女，他们听别人说的多，自己体验的少。任何人都不能代替孩子的成长，谁也不能代替孩子体验，孩子需要在体验中长大。

☆生活中有许多深奥的道理很难说明白，尤其是对孩子，空洞的大道理往往显得苍白无力。如果家长懂得运用一些比喻的妙用，孩子理解起来也就容易了。

☆用孩子听得懂的语言与他们对话，用他们喜欢的方式与他们进行沟通，用有寓意的故事来给他们说道理，会产生意想不到的效果。

☆如果能把兴趣培养成为一种孩子学习的心理需要，就可以使孩子变"要我学"为"我要学"，逐渐养成自觉自愿、主动学习的习惯。

☆心理暗示是一种无穷无尽的宝藏，在家庭教育中如果父母学会使用正确的、有意识的、积极的心理暗示，同样会取得出人意料的效果。

☆如果出于保护孩子的目的，剥夺了孩子尝试的权利，那么孩子就永远无法获得成功、取得进步了，也就会越来越没有自信。

秘诀6 仁慈的爱心

　　播下爱的种子，就会收获爱的硕果。一点一滴的培养，一言一行的引导，关注、培养孩子的爱心，让爱在孩子心头扎根，让孩子在关爱别人和被人关爱中感受温暖和快乐，成为一个人格健康、幸福快乐的人。

尊重孩子

即使再小的孩子，也应该得到尊重！请尊重你的孩子吧！

小菲是个 13 岁的女孩，比较懒散，她的房间经常会被她弄得乱七八糟。

周末，下午有客人来，妈妈打算将家里适当整理一下。妈妈推开女儿的房门，进去打扫。可是，当小菲看到妈妈进来之后，便不满地朝妈妈摆摆手："妈妈你进来干嘛！出去出去！"妈妈不顾她的抗议，随手就整理起来："你看，你的房间乱成什么样了？这么大了，都不懂收拾！"

小菲伸出手来，指了指房门："你看见我房门上的'请勿打扰'的告示了吗？不要随便进我的屋子好不好？要进来也应该敲门呀！"妈妈不满地说："你以为我想进吗？以后自己把房间弄整洁！"

女儿仍是一副不耐烦的口气："那是我的事，不要你管！"妈妈有点不高兴了："你这孩子，这是怎么说话呢？""你应该

尊重我！我已经是大人了！"

妈妈生气地从小菲房间里退出来。一看女儿门上，果然挂着一个漂亮的挂饰，可以用手拨动，每拨一格就会出现相应的话。比如"我正在看书，请勿打扰""进门之前先敲门"等。

＊＊＊＊＊＊＊

尊重孩子，

孩子才会尊重你。

＊＊＊＊＊＊＊

不可否认，故事中的妈妈是勤劳的，是爱自己的女儿的，否则她也不会主动为女儿打扫房间。可是，孩子也是一个独立的人，他们有权利得到应有的尊重。不管你是如何为孩子着想，如果忽视了孩子的意愿，不顾及孩子的感受，不尊重孩子，孩子也不会领情。

尊重孩子是家庭教育的重要原则！爱而不娇，严而有格，宽松而不放任，自由而不放纵，是父母的成功之道。教育心理学认为：尊重孩子是教育中的特殊营养，只有平等才会有尊重，只有尊重才会有真正的爱护。任何打着爱的旗号而不尊重孩子的行为都会对孩子造成伤害。

在美国家庭中，父母在和孩子相处的过程中，都会尊重孩子，他们会给孩子个人自主权，孩子一般在很小的时候就学会了在社会允许的条件下自己做决定，独立地解决自己所遇到的各种问题。从襁褓时期，孩子就跟妈妈分床睡觉了，两三岁他们就会一个人睡在自己的房间。父母只负责孩子的安全，游玩、学习上的事情统统由孩子自己处理、自己做主、自己选择。比如，自己收拾房间，自己整理、布置属于自己的"小天地"，父母绝不会替孩子做什么事，最多从旁提醒、参谋。父母一般都不会训斥和打骂孩子，会用商量的口吻和孩子对话，如"请原谅""这样好吗"等。

美国孩子在家里是小主人，不但会参与家庭的各种活动，还参与家庭大事的决策。比如，购买什么样的汽车、家电，怎样布置房间，怎样利用和美化庭院等，父母都会认真倾听孩子的意见。很多孩子都会跟父母一起干些力所能及的家务活儿，如收拾院子、种植花草、擦洗汽车、修理自行车、做室内外卫生、购买东西等。

> Mary 是个 10 岁的女孩，每周一下午都要去洗衣店送取衣物，这是她固定的"岗位"。看到她的房间总是很凌乱，妈妈就跟她制定了一份"协议"：每到周末各自彻底打扫自己的房间，晚饭前完成；平时每天临睡前要把各种物品整理好，养成随拿随放、注重环境整洁的好习惯。

对于孩子的游玩和兴趣活动，美国的家长从来都不会强制孩子去做什么，他们尊重孩子自己的意愿，让孩子独立地支配自己的课余时间。如果孩子想学什么乐器或其他兴趣技能，家长总是给予支持、鼓励和指导，或帮孩子请个家庭辅导教师，或支持孩子上技能培训班。

美国家长认为，喜欢学习的孩子自然会努力学，为什么要强制他去做不愿意做的事情呢？强拗着去做，会伤害孩子的感情与个性；人的兴趣、爱好和才能本来就各不相同，孩子适合做什么就做什么，

人生的路让孩子自己去走，因此他们一般都不会对孩子的学习施加压力。

成功的家庭教育，家长一般都舍得花费时间跟孩子以平等的态度进行对话、交流，对孩子正确的想法和行为给予充分肯定，让孩子在尊重和鼓励中成长。

父母如何才能获得孩子们的尊重呢？这里有几个"秘诀"：

1. 重视孩子的需要，履行自己的诺言

对于这一点，我深有体会！我经常会答应女儿在假期的时候要带他出去玩，但真正到了假期，经常会因自己的忙碌而抛之脑后。当女儿提起的时候，就只好找个借口推脱或把时间无限期延迟推后。女儿毕竟还小，很多时候我用一两句好话就能搪塞过去。

虽然问题是搞定了，但是，没有尊重孩子，说话不算数的后果很快便回馈到了我身上。说好只能看一集动画片，但女儿却看了一集又一集；说好到点洗澡，但时间到了却死活不进卫生间……诸如此类的事情举不胜举。

我知道，一味地责怪孩子是不对的。因为是我先给女儿传达了一个错误观念，她会想：爸爸说话都可以不算数了，我为什么不行呢？说到底，也就是一个尊重的问题了。只有先尊重孩子，才能教导他尊重自己、尊重别人。

发现这个问题后，我再也不会轻易地对孩子做出承诺了。一旦做出，我都会想方设法地兑现。

2. 尊重孩子的行为，重视他们的看法

孩子的语言有时显得很幼稚，但是只要本着尊重他的角度，慢慢地加以引导，就会收到意料不到的教育效果。

孩子的想象力是异常丰富的，我女儿也是！自从看了动画片以后，她便对宇宙、太空开始了无穷的联想。她常会兴高采烈地到处发表自己的演说："太空有好多星星呢，有地球、太阳、月亮、水星，还有树星、花星呢……"

"树星""花星"这些前所未闻的词出现在了她的口中，如果粗暴地制止她的言论，绝对会伤了她的自尊。一般我都会赞赏地看着她，鼓励她联想和学习："嗯，对，太空很深奥，有很多我们都不知道的东西，你要好好学习，多看书，懂的东西就多了。"

3. 遵循孩子成长发展的自然规律

孩子的成长发展是一个自然进程，无论是的生理成长还是心理发展，都有其自身发展的内在规律。在教育孩子的过程中，如果违背了孩子成长发展的自然规律，就会把事情弄得很糟，不仅达不到教育的预期效果，还会影响孩子的正常发展。

为了让孩子"不输在起跑线上"，许多年轻父母迫不及待地要求孩子学这学那，过早地让孩子投入到所谓的"学习"环境之中，把识字、拼音、计数、英语当成早期教育的全部内容。这种片面的认识和盲目的举动，背离了孩子的自然发展规律，必然会加重孩子的认知负担和心理负担。孩子的发展要遵循自然发展的时间表，要让他们循序渐进地走完每个阶段。

4. 尊重孩子的独立人格和自我意识

孩子是一个独立的个体，虽然他们的年龄还小，但他们依然拥有独立的人格和自我意识，拥有自己的想法和观点。父母不能因为

孩子依赖成人，就无视他们的存在。

孩子的自我意识是孩子社会适应性发展的基础，没有良好的自我意识就没有良好的社会适应性。孩子最早的自我意识来自父母是如何看待他的，当他肯定自己被父母爱时，他就能认识到做人的价值。随着孩子年龄的增长和独立意识的增强，家长要通过各种方式以实际行动给予支持，如对孩子表示信任、让孩子拥有独立的空间、给孩子支配时间的自主权、尊重孩子的选择、善待孩子的朋友等。

自尊心是孩子一生做人的资本，不能伤害与践踏！尊重孩子，还要注意保护孩子的自尊心。维护自尊是人的本能与天性，孩子的自尊心是他们成长的动力。保护好孩子的自尊心，增强他们的自信心，是每位家长的责任。

5. 给他们一定的自由空间

经常会听到家长这样说："现在的孩子不愁吃不愁穿，要什么有什么，真是身在福中不知福！"同时，我们也会听到孩子发出的声音："爸爸妈妈总是逼着我学这学那，一点儿自由都没有，真没意思！"为了孩子家长省吃俭用、费尽心思，可是为什么却得不到孩子的理解？主要原因就在于，家长们用自己的愿望和感受替代了孩子的主观需求，忽视了孩子得到尊重、独立自主、自由创造的需要。其实，只有这些需要得到了满足，孩子才能感受到真正的快乐和幸福。

研究表明，受家长支配越多、指责越多，孩子的自我激励能力就越弱，创造力和想象力的发展越会受到压制，好奇心越会受到打击，越难发现自我价值。同时，让孩子过早地承受太多的学习压力，就会失去童年的乐趣，失去正常孩子应有的欢乐。

孩子成长的每一个年龄阶段都有其特有的身心发展特点和生活内容，要给他们一定的自由空间，把原本属于他们的权利还给他们。只有这样，孩子的巨大潜能才能被充分挖掘出来。

6. 学会和孩子沟通

事实证明，懂得尊重孩子的家长一般都会和孩子沟通。如果父母与孩子之间出现沟通不畅，家长就要积极想办法。

对孩子要多一些商量，少一些命令。和孩子说话的时候，不要以一种居高临下的姿态命令孩子，要多和孩子商量，尤其是和孩子相关的事情。

如果想提醒孩子该做作业了，可以这样说："到时间了，你是不是该做作业了？"而不要直来直去地说："别看电视了，快去做作业！"

如果想请孩子给家长帮帮忙，可以这样对他说："你能帮我把那本书拿过来吗？"不要使用比较硬的口气，说："把那件衣服给我递过来。"如果孩子给你提供了帮助，你要表示感谢，说一声"谢谢"。这样，孩子就会感觉你很尊重他，心情会很愉快，也就愿意听家长的话了。

对孩子要多一些引导，少一些训斥。有些家长对待孩子，只要孩子有一点错就板着脸指责他，这种方法是不利于和谐交流的！如果孩子犯了错，要委婉地给他指出来，不要伤害了孩子的自尊心。

如果孩子的作业字迹很潦草，家长可以这样说："你做作业挺快，真不错！不过，如果能把字写得整齐一点就更好了！我相信，

只要你认真写，一定能行！"千万不要在作业本上指指点点，愤愤地说："你看你，写得像什么？乱七八糟的！"

事实证明，家长越尊重孩子，孩子越自尊；孩子越自尊，越会注意修正自己的言行，更加赢得别人的尊重。因此可见，委婉地指出孩子的缺点对孩子的成长反而更有利！

当然，具体情况还得具体对待，对于孩子的坏品行、坏习惯等原则问题，就要当机立断地指出来，但也不能采用训斥的方式，要平等而严肃地与孩子进行沟通，将其中的危害告诉孩子，让孩子改正，并制定出一些惩罚措施。这样的态度，比打骂责备更容易让孩子接受。

宽容孩子

在孩子的成长过程中，孩子必然会犯下许许多多的错误，家长如何来面对孩子的错误是需要智慧的。有个父亲写过这样的一份《父亲备忘录》：

听着，孩子，我有一些话要说。虽然你睡得正熟，一只小手掌压在脸颊下，你的额头微湿，蜷曲的金发贴在上面……

刚才我在书房看报的时候，内心不断地受到苛责，终于带着愧疚的心情偷偷溜进你的房间，来你的床前。

我想了许多事，孩子！我经常会无缘无故地对你发脾气。早上你穿好了衣服准备上学，胡乱地用毛巾在脸上碰一下，我责备你；你没有把鞋子擦干净，我责备你；你把东西丢的到处都是，我更生气地对你吼叫。

早餐的时候也一样！我经常会骂你打翻东西、吃饭不细嚼慢咽、把两肘放在桌上、奶油涂得太厚……等到我准备出门，你一边玩玩具，一边转过身挥着小手喊"再见，爸爸"时，我依然会皱着眉头回答："肩膀挺正！"

到了傍晚，情况还是一样！我走在路上，偷偷地看着你。当看到你跪在地上玩玻璃弹珠，脚上的长袜都磨破了时，我不顾你的颜面，当着很多小朋友的叫你："回家！"并对你大声吼

道："长袜子很贵，要想穿就得爱惜一点！"很难想象，这些话居然出自一个父亲口中！

记得吗？刚才我在书房里看报，你怯怯地走过来，站在门口踌躇不前，眼神惶恐地看着我。我放下报纸，不耐烦地叫道："你要什么？"你一句话都没说，快步跑过来，双手搂住我的脖子亲吻。吻过我之后，你就吧嗒吧嗒地跑上了楼。

孩子，就是那一刻，报纸从我的手中滑落，我突然觉得害怕。我什么时候养成了这样的挑错、呵斥的习惯，这就是我对待一个小男孩的方法！孩子，不是我不爱你，只是我对你期望过高，不自觉地用成人标准去衡量你了。

其实，在你的本性里有许多真善美。你的心灵就像是刚从山头升起的阳光，天真、自然、不顾一切。孩子，在今天晚上，所有的一切都不重要，黑暗中我跪到你床边深觉愧疚！这是一种无力的赎罪！我知道你未必懂得我所说的这一切，但是，从明天开始，我会认真地做一个真正的父亲！要和你成为好朋友，和你一起分担痛苦，分享欢乐。我会每天告诉自己："他只不过是个男孩——一个小男孩！"

我真不应该将你当成大人，孩子！现在，你疲倦地蜷缩在床上，完全还是婴孩的模样。昨天，你还躺在妈妈的怀里，头靠在妈妈肩上，今天我这样要求你，实在是太不应该了！

生活中，如果孩子的行为没有令父母满意的时候，很多人都会责怪孩子。这篇《父亲备忘录》着实让每一个家长警醒——要尽量去了解孩子，不要用责骂的方式！

每个孩子心中都有一粒美好的种子，只要父母不去压迫，它就能成长成一棵美好的大树。

尽量设身处地去想——孩子为什么要这样做。这比批评、责怪还要有益、有趣得多！每个孩子心中都有一粒美好的种子，只要父母不去压迫，它就能成长成一棵参天大树。不要给孩子太多的强迫，要多给他们一些空间。

"了解就是宽恕。"约翰博士曾经说过，"上帝本身也不愿论断人，直到末日审判的来临。"父母又何必如此呢？因此，从现在开始，就要记住对待孩子的原则之一：不要太多的批评、责怪或抱怨，要对孩子多一些宽容。

1. 正确对待孩子所犯的错误

宽容是父母对孩子的一种呵护。孩子毕竟是孩子，难免犯错误，而且在很多情况下，孩子并不是故意要犯错误。家长要允许孩子犯错误，正确对待孩子所犯的错误，只有这样，才能让孩子在不断的错误中吸取教训，总结经验。

其实，孩子在犯了错误之后，除非他没有意识到自己的行为是一种错误之外，如果他知道了自己的行为错了的话，本身就会有一种负疚感和纠正欲的。例如，当孩子因为考前没有认真复习而在考

试中考砸了，就会在下次考前认真复习。此时，家长只要提示一下，孩子就很容易改正自己的错误了；相反，如果对孩子一味责怪，孩子反而可能会产生一种抵制或逆反心理，反而不利于孩子对所犯错误的认识和改正。

2. 身体力行，让孩子学会宽容对待别人

宽容孩子是对孩子行为的一种导向。对孩子宽容，不仅能让他心悦诚服地认识到自己的错误，而且在日积月累的"被宽容"之后，他也会潜移默化地学会去宽容别人。

在女儿的成长过程中，我对她说得最多的一句话就是"没事儿"。每当她犯了错误之后，我都会微笑着对她说："没事儿，孩子怎么可能不犯错误呢？只要改了就行。"在经过多年的影响下，我女儿也养成了宽容别人的习惯。

一次，同学将女儿的一支非常心爱的自动铅笔弄坏了。在那个同学不知所措时，女儿对那个同学说："没关系，你又不是故意的。"

3. 宽容不等于包容、纵容

作为家长，宽容孩子是必要的，但又不能错误地将宽容理解为包容或者是纵容。有这样一个笑话：

一天，儿子从外面拿回来一把扇子，妈妈平时很爱占小便宜，看到这个情景，高兴地夸奖孩子："好样的！"一天之后，儿子又拿回来一把火钳子，家长又高兴地接了下来。第三天，儿子又拎回来一只煤饼炉。就在这位妈妈准备收下的时候，听

到外面有人大声喊起来："这几天，我怎么老是丢东西?"

这虽然只是一个笑话，但也应当从中悟出一些道理：孩子犯错误之后，应当及时指出来；如果不及时指出，包容孩子，甚至纵容，孩子所犯的错误就会越来越大。

积极的心态

伟人之所以伟大，其中一个重要的原因就是心态积极。研究表明：积极心态决定了成功的85%。科学家曾做过一个有趣的实验：

他们把一只跳蚤放在桌子上，一拍桌子，跳蚤迅速跳起，跳得很高。然后，他们在跳蚤头上罩了一个玻璃罩，再拍桌子，这一次跳蚤碰到了玻璃罩。连续多次后，跳蚤改变了起跳高度，每次跳跃总保持在罩顶以下高度。接着，研究者便逐渐改变了玻璃罩的高度，最后跳蚤便变成了"爬蚤"。

在这个实验中，跳蚤之所以会变成"爬蚤"，并不是因为它已丧失了跳跃能力，而是由于一次次受挫后习惯了、麻木了。最可悲的地方就在于，当实际上的玻璃罩已经不存在的时候，它却连再试一次的勇气都没了。玻璃罩已经罩在了跳蚤的潜意识里，罩在了它的心灵上，行动的欲望已经被自己扼杀了！

科学家把这种现象叫作"自我设限"，人也是这样！只要受到"自我设限"的限制，就会无法"超越自我"。在人们的现实生活中，很多人的遭遇与此极为相似。

在成长的过程中，特别是幼年时代，孩子遭受了外界（包括家庭）太多的批评、打击和挫折，心中原有的奋发向上的热情、欲望就会"自我设限"压制封杀，如果得不到及时的疏导与奖励，他们就会对失败诚惶诚恐，失掉信心和勇气，逐渐养成懦弱、犹疑、狭隘、自卑、孤僻、害怕等不良性格，他们害怕承担责任，不思进取，不敢拼搏。

人与人之间或一个人自身的前与后，往往只是很小的差别，可是这种差别却会让一个人的一生出现巨大的差异。比如，人生的态度是积极的还是消极的，结果是成功的还是失败的。

面对夕阳，有人发出了轻微的叹息："夕阳无限好，只是近黄昏。"（李商隐《登乐游原》）这是一种心态的写照；

有人持反对意见："但得夕阳无限好，何须惆怅近黄昏。"（朱自清）这又是一种心理状态；

有人则放声高歌："老夫喜作黄昏颂，满目青山夕照明。"（叶剑英《八十抒怀》），全然又是一番心灵境界。

不同的人对同样的一件事持不同的看法和态度，所表现的行动和结果也是截然不同的。有人问 NBA 职业篮球"高手""飞人"迈克·乔丹，是什么因素让他不同于其他职业篮球运动员的表现，能多次赢得个人或球队的胜利？是天分吗？是球技吗？抑或是策略？他是这样回答的："在 NBA 里面，很多球员都有着不错的天分，可是造成我跟其他球员截然不同的原因是，我很拼命——只要第一，不要第二。"

同样都是聪明的孩子，为什么有的孩子成绩好，有的成绩却很差？大多数孩子的智力都是相同的，学习不好，不是智力问题，而是不认真听讲，不认真学习，不认真做作业。"认真"就是一种

"心态"！要告诉孩子，主宰自己命运的是自己，你掌控着自己的心态。影响你的心态的不是父母，也不是失败，而是你自己。

外界事物的变化，别人的所思所行，都不是我们的责任，自己的心态决定了自己！著名成功学大师拿破仑·希尔告诉我们，一个人心态在很大程度上决定着人生的成败。你怎样对待生活，生活就怎样对待你；你怎样对待别人，别人就怎样对待你；在一项任务刚刚开始时的心态，便决定了最后有多大的成功，心态比任何其他的因素都重要！

~~~~~~

人具有选择的自由，你可以选择积极，也可以选择消极，只不过其带来的结果是完全不同的！

~~~~~~

一位哲人说："你的心态就是你真正的主人。"成功学大师拿破化·希尔说："积极的心态，就是心灵的健康和营养。这样的心灵，能吸引财富、成功、快乐和身体的健康。消极的心态，却是心灵的疾病和垃圾。这样的心灵，不仅排斥财富、成功、快乐和健康，甚至会夺走生活中已有的一切。"在日常生活中，经常会碰到一些令人兴奋的好事，同样也会碰到一些令人感到消极、悲观的坏事。这些都是很正常的！遇到了不如意的事情，如果不用积极的心态去对待，终究会"摔下去"。

古时候，有位秀才进京赶考，这已经是他第三次参加科考了，由于每次来京城都住在同一家店里，因此他已经和店主比较熟悉了。

考试前两天，秀才做了三个梦：第一个梦梦到自己在墙上种白菜；第二个梦是下雨天，他戴了斗笠还打伞；第三个梦是梦到跟心爱的表妹脱光了衣服躺在一起，但是背靠着背。

秀才醒来之后，回味了一下，觉得这三个梦似乎有些深意，于是急忙去找算命先生解梦。算命先生听了他的讲述，拍着大腿说："你还是回家吧！你想想，高墙上种菜不是白费劲吗？戴斗笠打雨伞，不是多此一举吗？跟表妹都脱光躺在一张床上了，却背靠背，不是没戏吗？"

秀才听到，心里凉了半截，回店收拾包袱准备回家。店老板看到他的样子，感到很奇怪，忙问："不是明天才考试吗，今天你怎么就打算回乡了？"

于是，秀才便将自己的梦和算命先生的解析述说了一番，店老板听完乐了："哟，我也会解梦！你怎么只知道找算命先生，却不来找我？我倒觉得，你这次一定要留下来。你想想，墙上种菜不是高种吗？戴斗笠打伞不是说明你这次有备无患吗？跟你表妹脱光了背靠靠躺在床上，不是说你翻身的时候就要到了吗？"

秀才一听，觉得有道理，也就不走了。第二天，他精神振奋地参加考试，居然中了探花。

任何事物都有积极的一面和消极的一面，这就要看你的心态是积极的还是消极的。如果孩子的心态是积极的，他就会看到乐观、进步、向上的一面，他的人生、学习、人际关系和周围的一切都会是成功向上的；如果孩子是消极的，看到的就是悲观、失望、灰暗的一面，他的人生自然也就乐观不起来。

愿不愿意选择积极心态、积极生活，是个人的选择，父母只能做出引导。一旦做出了积极的选择，即意味着日后的生活中，到处都是成功的机会，选择积极心态等于选择了成功。要培养孩子积极乐观的心态！那么，如何来培养孩子积极的心态呢？

1. 让孩子的言行举止像他希望成为的人

积极行动会导致积极的思维，积极的思维会导致积极的心态。心态是紧跟行动的，如果孩子从一种消极的心态开始，等待着感觉把自己带向行动，他永远都不能成为拥有积极心态的人。如果想让孩子拥有积极的心态，就要问问孩子想成为一个怎样的人，然后，鼓励孩子让自己的言行举止慢慢接近于这样的人，让他们的言行举止更加像他所希望成为的那样。

2. 让孩子心怀必胜、积极的想法

一个对自己的内心有完全支配能力的人，对他自己有权获得的任何其他东西也会有支配能力。只有心怀必胜信念的人，才能生活得更加积极；只有心态积极的人，才能勇往直前。

3. 鼓励孩子用美好的感觉、信心与目标去影响别人

随着行动与心态的日渐积极，孩子就会慢慢获得一种美好的人生感觉，信心倍增，人生的目标感也越来越强烈，不仅可以用别人的这种积极响应来发展积极的关系，还能帮助他人获得积极心态。

因此，在培养孩子积极心态的过程中，要鼓励孩子用美好的感觉、信心和目标去影响别人！

4. 让孩子心存感激

世间很多事情，常常是我们没有珍视身边所拥有的，而当失去它时又后悔。对人生、对大自然的一切美好的东西心存感激，人生就会显得美好许多。如果想让孩子的心态更加积极一些，就要让孩子心存感激，比如，感激父母的养育、感激老师的教导、感激同学的帮助、感激他人的照顾等。

5. 引导孩子学会称赞别人

莎翁说："赞美是照在人心灵上的阳光。没有阳光，我们就不能生长。"赞美具有一种不可思议的推动力量，对他人的真诚赞美就像荒漠中的甘泉一样让人心灵滋润。心态积极的孩子，一般都会赞美别人。当家长做了一顿丰盛的晚餐的时候，他们会赞美说"好香"；当同学取得了好成绩时，他们会表示祝贺；当别人穿了新衣服时，他们也会表示赞美。

6. 让孩子学会微笑

微笑是一种令人愉悦的表情，是人类的专利。微笑是一种含义深远的身体语言，可以鼓励对方的信心，可以融化人们之间的陌生与隔阂。早上出门之前，对着镜子笑一笑；来到学校的时候，对着门卫爷爷笑一笑；走进教室，看到同学的时候笑一笑……微笑会为孩子打开友谊之门，建立积极的心态，必须让孩子学会微笑！

7. 培养孩子乐于奉献的精神

人生的目的是服务别人，心态积极的人一般都乐于奉献、积极

给予。任何一个人都不会抗拒一个尽心尽力帮助自己解决问题的人，因此乐于奉献也是一种积极的心态，也是每个孩子应该具备的！

8. 让孩子寻找每个人身上最好的东西

在每个人身上都有优点，也有缺点，即使是最差劲的人也有优点，最完美的人身上也有缺点。眼睛盯住什么，就能看到什么，寻找别人身上最好的东西，会让孩子对自己产生一种良好的感觉，促使他们努力做到最好。

健康的心理

儿童时期是培养健康心理的黄金时期，各种习惯和行为模式都是在这一时期奠定基础的，如果忽略了孩子的心理健康，成人后孩子就很难有健全的人格和心理了。让我们来看这样一些数据：

据世界卫生组织估计，在 2020 年之前，全球儿童精神障碍患者会增长 50%，成为最主要的五大致病、致死和致残原因之一。在我国，17 岁以下的孩子中，有 3000 万人受到了不同程度的情绪障碍和行为问题的困扰；中小学生精神障碍患病率为 21.6%～32.0%，突出表现在人际关系、情绪稳定性和学习适应等方面。

上海市曾对 12～18 岁的青少年做过一次抽样调查，结果显示：40% 左右的孩子存在不同程度的心理问题，主要表现为感情脆弱，遇到挫折往往无法解脱。

这些数据足以说明，目前我国青少年心理健康状况不容乐观。

青少年心理问题的五大因素：

家庭　学习　社交　环境　学校

今天，中小学生的心理健康已经成为家庭、学校、社会共同关注并亟待解决的问题。为什么现在中小学生自杀和有自杀倾向的越来越多？是什么让孩子不想活下去？是什么让孩子舍得离开这美好的世界？

1. 家庭

这是导致孩子心理出现问题的最大因素。调研结果表明，生活在健全、和睦家庭的青少年的心理素质一般都比较好，而生活在单亲、离异、夫妻不和等家庭中的孩子心理相对敏感，承受能力较差。

调查结果也显示，在家庭方面，让青少年感到具有心理压力的生活事件，排在前五位的是：家庭经济困难、家庭成员死亡、家庭成员患急重病、父母关系紧张和邻里关系不好。

一位家长跟我抱怨说："现在孩子是越来越不听话了，我说东他往西，你说怎么办？自从我和她爸爸离婚后，孩子已经有很长一段时间不和我说话了，对我的态度很冷漠。我对她那么好，她怎么这样对我？"不可否认，很多离异家庭的家长都有过这样的抱怨。遇到这样的问题，他们首先想到的是孩子出现了问题，很少会承认问题出在自己身上，其实，根本原因就在于——父母关系紧张或离异让孩子的心理很受伤。

2. 学习

对青少年来说，学习成绩的好坏直接影响着今后的升学和前途，在激烈的竞争范围中，让他们在很小的时候就承受了巨大的心理压力。这里有一封16岁的小奇写给妈妈的信：

妈妈，从出生到现在，我从来都没有做过一件使您骄傲的事情。从我上学开始，您就对我一直很严厉，只要考试成绩不理想，您就会打我骂我……下午放学回到家，吃了饭我要学习到9点多，看到同龄的小朋友成群在外面玩，我多想能和他们一样啊！可是，学习完后我就得睡觉了。我觉得，自己一点自由都没有，我所做的一切都在你的监视之下……14岁那年，我觉得自己终于熬出头了，终于不用再做自己不想做的事情了。慢慢地，我和你对换了位置，学会了对你发火、骂人，很高兴，终于觉得没人能管得了我了……

3. 社交

青少年一般都非常珍视和渴求友谊，情感世界异常丰富，因此在人际交往中特别注重感情的交流。调查结果表明，社交方面让青少年感到心理压力的生活事件排在前几位的有：被人误会、受人议论、当众丢面子、与好友发生纠纷等。如果遇到了这些情况，孩子的坏情绪得不到排解，长期压抑在心理，就会扭曲心灵。

4. 社会环境

所有教育孩子的过程也是一个学习做父母的过程。

当代青少年不仅时刻感受和体验着竞争，还不得不面对成人社会为他们设定的价值取向：学习不好→考不上大学→找不到好工作

→赚不到大钱→无法享受生活→枉为人生。应试教育长期以来根深蒂固的影响等社会风气更是严重影响了青少年的身心发展。

5. 学校、社会心理咨询工作欠缺

青春期，孩子的身心发展趋于成熟，可是依然没有形成完全健康的人格。由于学校师资力量有限，一些学校缺乏专门从事心理咨询的教师，学生遇到了心理问题都被混同于一般的思想问题，并不会做科学教导。而且，由于社会心理咨询的不健全、社会支持度不够，致使孩子出现心理问题后不知道该向哪里倾诉。

国家虽然要求中小学要开展心理健康教育，但并没有将其纳入课程设置。即使有些学校也设有专职心理教育老师，但很多都是流于形式。学校心理教育还处于起步阶段。

由此可见，青少年出现心理障碍，甚至自杀绝非偶然。青春期，孩子在外部环境的影响下，面对繁重的学业压力，背负着学校、父母过高的期望，承载着肉体和精神的双重负荷，身心长期处于一种紧张焦虑的状况，而自己又缺少调适情绪的知识和技巧，于是就会出现了很多让父母感到揪心的场面。

孩子的成长是一个学习的过程，为人父母者要学会倾听、学会陪着孩子一起成长，所有教育孩子的过程也是一个学习做父母的过程。

那么，如何来培养孩子健康的心理呢？父母可以在日常生活中用正常的心理原则来训练孩子，具体来说，要做到以下几点：

（1）不要过分关心孩子。给孩子过度的关心，容易使孩子过度以自我为中心，变成自高自大的人。

（2）不要贿赂孩子。要让孩子从小知道权利与义务的关系，不能只享受权利而不尽义务，不尽义务是不能享受权利的。

（3）不要太亲近孩子。孩子需要有自己的空间，要鼓励孩子与同年龄人一起生活、学习、玩耍，如此才能让孩子学会如何与人相处。

（4）不要勉强孩子做一些不能胜任的事情。孩子的自信心一般都是由成功慢慢培养起来的，强迫他们做力所不及的事情，只会打击他们的自信心，让他们变得不相信自己。

（5）不要对孩子太严厉、苛求，不要打骂孩子。父母长时间这样做，会让孩子形成自卑、胆怯、逃避等不健康心理，或导致反抗、残暴、说谎、离家出走等异常行为。

（6）不要欺骗和无谓地恐吓孩子。吓唬孩子会丧失父母在孩子心目中的权威性，以后如果再想告诫孩子、批评孩子，孩子就很难服从了。

（7）不要在小伙伴面前当众批评或嘲笑孩子。当众批评孩子，会让孩子怀恨在心，或者变得害羞，大大损害孩子的自尊心。

（8）不要过分夸奖孩子。孩子做事取得了成绩，只要稍微表扬一下就可以了，过分夸奖会使孩子沾染上沽名钓誉的不良心理。另外，赞扬孩子的时候必须针对具体的事，让孩子知道自己的优点，同时要让孩子感到你的赞许是真诚的，不是虚伪的。

（9）不要对孩子喜怒无常。在和孩子相处时，如果家长的情绪总是不稳定、喜怒无常，孩子就会感到无所适从，情绪不稳定。

（10）在孩子遇到问题时不要不闻不问。要帮助孩子对目前的困境进行分析，将分析问题、解决问题的方法教给孩子；可以帮助孩子解决困难，但不是代替他们解决困难。

仁慈的爱心

从小注意培养孩子的仁爱之心，对塑造孩子完美的人格非常重要。来看看大自然中的动物是如何做的：

羚羊从来都不敢慢待长者，群体休息时只要有一只老羚羊站着，其他的小辈就不敢躺下休息。

经过长途跋涉后，骆驼需要休息，这时候老骆驼不用亲自除沙洗尘，小骆驼会亲昵地为它舔毛，直到梳理满意为止。

墨鱼是最有"孝心"的。母亲产仔后就会双目失明，这时候宝宝们便会侍奉在它的左右，争先恐后地让它吞食，表达孝心，直到母亲眼睛复明为止。

对于孩子来说，要想成才，首先要学会做人，因为品德好比什么都重要！

在苏联著名教育实践家和教育理论家苏霍姆林斯基担任校长的帕甫雷什中学的校门上方悬挂着这样一幅大标语："要爱你的妈妈！"当有人问苏霍姆林斯基为什么不写"爱祖国""爱人民"之类的标语时，他说："对于孩子，不能讲那么抽象的概念。而且，如果一个孩子连他妈都不爱，还会爱别人、爱家乡、爱祖国吗?""爱自己的妈妈"这句话既容易懂，又容易做，这就为日后进行的爱祖国的教育打下了基础。

苏霍姆林斯基还说："必须使儿童经常努力给母亲、父亲、祖父、祖母等带来欢乐；否则，儿童就会长成一个铁石心肠的人，在他的心里，既没有做儿子的孝心，也没有做父亲的慈爱，更没有为人民做事的伟大理想。如果一个人在亿万个同胞里连一个最亲的人都没有，他是不可能爱人民的。如果一个人的心里没有对最亲爱的人忠诚，他是不可能忠于崇高的理想的。"

对现在的孩子来说，爱心教育是非常重要的。要让孩子在被人爱中感受到温暖、快乐，并由此学会爱别人，帮助别人，形成健康的人格。父母生病了，可以让孩子来照料；父母上班累了，可以让孩子多做一些家务；公交车上，可以让孩子给老人让座；在外边玩的时候，可以让孩子照顾比自己小的伙伴……借助生活中点点滴滴的小事，反复加深孩子的印象，就会让孩子明白：帮助别人不仅能给对方带来快乐，还会给自己带来快乐。

寒假里，女儿看了《爱的教育》这本书，她在读后感中写道："我们都崇尚爱，是因为爱可以改变一个人，可以感化一个人，可以温暖一个人。人们的生活是靠物质的、有形的物品来支撑。但是更加重要的，却是一个爱的精神支柱，这无形的力量深深地改变、支持着一个人生活在这个世界上。爱的教育是伟大的，这是一个让世人都不容忽视的教育。如果得到了人们的注意，人们都注意爱的传播，爱就会洋溢在全世界，荡漾在世界的每一个角落里……"播下爱的种子，就会收获爱的硕果。家长要让孩子从关心他人、友爱他人做起，使孩子在爱心的追求中不断成长，成为一个幸福快乐的人。

如何在生活中培养孩子的爱心呢？

1. 爱心培养要从小抓起

儿童时期是人各种心理品质形成的关键时期，爱心的形成也是在这一时期。因此培养孩子的爱心，就要从孩子很小的时候抓起。

在婴儿时期，父母要经常爱抚孩子，对孩子微笑，让孩子感受到父母对他的爱，这是孩子萌生爱心的起点。

随着孩子一天天长大，父母要把自己看作是孩子的伙伴，陪孩子一起玩游戏、一起聊天、一起学习，让孩子感受到家庭的温暖，感受到被爱的幸福，为孩子奉献爱心打下基础。

2. 父母要富有爱心

父母是孩子的一面镜子，孩子是父母的影子。只有富有爱心的父母，才能培养出富有爱心的孩子。孩子每时每刻都会把父母当作自己的榜样，父母的一言一行都会潜移默化地影响孩子。因此，父母平时就要注意自己的言行举止，要孝敬老人、关心孩子、关爱他人、乐于助人等，当孩子觉着父母是个富有爱心的人的时候，自己也会努力做一个富有爱心的人。

3. 教孩子学会移情

一般具有移情能力的人，都能设身处地地为他人着想、感受他人情感，比如，当看到别人生病疼痛时，他们就会结合自己的疼痛经验感受到并体谅他人的痛苦，主动为他人提供力所能及的帮助。比如，在公共汽车上，可以对孩子说："你看，那个阿姨抱着小弟弟多累呀，我们让她们坐到这里来吧。"邻居老人生病，可以带着孩子去探望问候，帮老人做事。

4. 为孩子提供奉献爱心的机会

许多父母只知道一味地疼爱孩子，却忽略了给孩子提供奉献爱心的机会。其实，施爱与接受爱是相互的，如果孩子只知道接受爱，渐渐地就会丧失施爱的能力。

有的父母以为给孩子多点关心和疼爱，等他长大后他就会孝敬父母、疼爱父母了。其实这是一种误解！没有给孩子提供学习关爱的机会，只知道索取，不知道给予，觉得父母关心他是理所当然的，孩子怎么会关爱父母？

有的父母认为孩子的任务就是学习，其他的都不重要，只有学习好了，将来才会有一个好的前程，于是什么事都为孩子着想，孩子衣来伸手，饭来张口。可是要知道，学习固然重要，但是孩子的性格、习惯、品质、心理对孩子的成长、成才更重要。

5. 保护好孩子的爱心

人之初，性本善，在任何一个孩子身上都是有善心的。可是，当孩子做了好事的时候，有些父母却由于工作忙或其他原因，对孩子表现出来的爱心视而不见，或训斥一番，这样会把孩子的爱心扼杀在萌芽之中。

看到妈妈下班回来，小女孩特意为妈妈倒了一杯茶，可是妈妈却着急地说："去去去，快去写作业，谁用你倒茶！"

有个小孩蹲在地上帮一只受伤的小鸡包扎，妈妈看到了生气地说："谁让你摸它了，多脏呀！"

孩子的爱心就这样被父母剥夺了！卢勤老师说过："孩子的爱心是稚嫩的，你在乎它，它就会长大；你忽视它，它就会枯萎；你打

击它，它就会死去。"如果你想拥有一个富有爱心的孩子，就在生活中培养它、呵护它吧！

☆尊重孩子是家庭教育的重要原则！爱而不娇，严而有格，宽松而不放任，自由而不放纵，是父母的成功之道。

☆每个孩子心中都有一粒美好的种子，只要父母不去压迫，它就能成长成一棵参天大树，不要给孩子太多的强迫，要多给他们一些空间。

☆人与人之间或一个人自身的前与后，往往只是很小的差别，可是这种差别却会让一个人的一生出现巨大的差异。比如，人生的态度是积极的还是消极的，结果是成功的还是失败的。

☆儿童期是培养健康心理的黄金时期，各种习惯和行为模式都在这时奠定基础的，如果在此时忽略了孩子的心理健康教育，那么孩子长大后是很难拥有健全的人格和心理的。

☆播下爱的种子，就会收获爱的硕果。家长要让孩子从关心他人、友爱他人做起，使孩子在爱心的追求中不断成长，成为一个幸福快乐的人。

后 记

自 2004 年 5 月《成功人士的 8 大习惯》出版以来，这本书在社会上引起了强烈的反响，在不到半年的时间里已进行了再版，其姊妹篇《成功经理人的十大法则》也于 2005 年 5 月奉献给了读者。一直以来我都希望能够将"成功三部曲"的第三部《成功父母的 6 大秘诀》早日出版，非常幸运，这个愿望在 10 年后的今天终于实现了。

按照原来的计划，写这本书需要 3 年，可是这一写就是 10 年。其实，早在 3 年前，这本书就已经成稿了，可是我却一直没急于出版，为什么？因为我觉得，对于孩子教育的理论一定要精益求精，同时还要让理论在实践中证明其正确性。所以 10 年间，我一直在不断补充和修改本书的内容。令人感到欣慰的是，时至今日我终于可以放心地把这本书奉献给焦急等待的读者了。

曹红霞老师是我的妻子，也是这本书的合作者，她 20 多年的教育经验为这本书增色很多；同时，我也要感谢她这么多年来对我不懈的支持，让我有信心并且有充足的时间来从事研究和写作。

研究成功管理学就必须实践，成功的道理其实很简单，按照成功管理学的道理，努力去实践就能成功，相信这点对任何人都是适用的。

非常希望和读者朋友沟通交流，共同讨论，共同进步。

庄之见

2014 年 6 月